MARKETING POLÍTICO

TÍTULO ORIGINAL:
Marketing Politico

© 2011 by Società editrice il Mulino, Bologna

AUTOR
Marco Cacciotto

Direitos reservados para todos os países de língua portuguesa por

CONJUNTURA ACTUAL EDITORA
Sede: Rua Fernandes Tomás, 76-80, 3000-167 Coimbra
Delegação: Avenida Fontes Pereira de Melo, 31 – 3.º C – 1050-117 Lisboa – Portugal
www.actualeditora.pt

TRADUÇÃO
José Serra

REVISÃO
Marcelino Amaral

CAPA
FBA

PAGINAÇÃO
EDIÇÕES ALMEDINA, S.A.

IMPRESSÃO E ACABAMENTO
PENTAEDRO, LDA.
Abril 2015

DEPÓSITO LEGAL
391610/15

Toda a reprodução desta obra, por fotocópia ou qualquer outro processo, sem prévia autorização
escrita do Editor, é ilícita e passível de procedimento judicial contra o infrator.

Biblioteca Nacional de Portugal – Catalogação na Publicação
CACCIOTTO, Marco
Marketing Político: como vencer as eleições e governar – (Extra Colecção)
ISBN 978-989-694-113-0
CDU 32

MARCO CACCIOTTO

MARKETING POLÍTICO
como vencer eleições e governar

ACTUAL

à minha mãe, que terminou a sua viagem
ao Leonardo, que começou a dele

ao meu pai, exemplo de «força tranquila»

Índice

Introdução 11

I. A consultoria política 17
1. A ascensão dos consultores políticos 18
2. As três fases da consultoria política 24
3. A globalização do mercado da consultoria 34

II. A política orientada para o mercado 43
1. A terceira era da comunicação política 44
2. Nascimento e evolução do marketing político 48
3. Modelos de marketing político 55
4. Candidatos e partidos como *brand* 62

III. Compreender 67
1. A necessidade de uma abordagem estratégica 68
2. Compreender o candidato 78
3. Compreender os eleitores 85
4. Os instrumentos de *market research* 92

IV. Decidir 99
1. Definir a estratégia 100
2. Escolher os públicos 110
3. Construir a mensagem 118

V. Agir 127
1. Organizar-se para vencer 128
2. O plano de campanha 133
3. Os instrumentos de campanha 137

VI. A política como narração 147
1. As alavancas do consenso: racionalidade ou emoção? 148
2. *Framing* e contextualização 153
3. O *storytelling* 157
4. A política como *format*. 162

VII. *Fast Politics* 169
1. Campanha permanente e dinâmica do consenso 170
2. *Going public*. 177
3. A política veloz. 179
4. O marketing como instrumento de governação 182

Referências bibliográficas 189

Cinematografia 201

Introdução

> *Sou consultor político. O meu trabalho consiste em aju-*
> *dar a eleger os candidatos aos altos cargos públicos. Não*
> *vejo nisto nada de especialmente impróprio, embora haja*
> *quem pense o contrário.*
>
> Joe Napolitan

Será que as campanhas eleitorais fazem a diferença? O debate parece bloqueado, há mais de meio século, na declaração de James Farley – *campaign manager* do presidente norte-americano Fraklin Roosevelt –, que depois passou a designar-se «Lei de Farley»: «A maior parte das eleições já estão decididas antes de a campanha eleitoral começar» [Craig 2009, 42]. Esta lei foi confirmada por análises recentes às eleições norte-americanas, que indicaram que fatores mais gerais – por exemplo, a situação económica e o grau de aceitação das políticas do presidente – são indicadores mais precisos dos resultados finais do que as oscilações das indicações de voto, frequentemente relacionadas com fatores de breve dura-ção (o efeito *convention*, os debates, os erros grosseiros da parte de um dos candidatos, etc.). Embora reconhecendo a importância de fatores estruturais e de média duração na determinação do consenso, este livro parte de uma convicção: as campanhas eleitorais e o trabalho dos consultores políticos fazem a diferença desde que sejam parte integrante de uma estratégia mais ampla e de uma utilização correta do marketing.

Os adeptos da teoria dos «efeitos mínimos» das campanhas eleitorais aduzem em sua defesa que uma parte considerável dos eleitores já decidiu em quem vai votar antes do começo da campanha eleitoral. Trata-se de uma perspetiva limitada que circunscreve a comunicação e o marketing político ao período «canónico» das campanhas eleitorais, sem levar em conta o facto de estas serem cada vez mais longas, senão mesmo permanentes. As campanhas eleitorais conduzidas a partir da convocação de comícios, por outro lado, não têm como principal objetivo modificar a pertença política dos eleitores, mas a de persuadir os indecisos, a de ativar predisposições latentes relativamente a um partido/alinhamento e, sobretudo, mobilizar potenciais eleitores que, se não fossem estimulados, prefeririam ficar em casa em vez de ir às urnas.

A seleção destes eleitores e a identificação das mensagens mais adequadas para os persuadir ou motivar são o campo de estudo do marketing político, que nasceu do casamento entre o marketing e as ciências políticas. É uma área de interesse crescente também do ponto de vista do estudo académico, que oferece uma perspetiva diferente na análise do comportamento político e, ao mesmo tempo, novos pontos de vista sobre questões clássicas das ciências políticas como, por exemplo, o valor das ideologias, o papel da cidadania e a natureza da democracia num contexto como o do século XXI, caracterizado pela extensão do mercado e da sua linguagem também à vida pública. Extensão essa que tende a ver os cidadãos como consumidores. Através do estudo do marketing político procura-se compreender a evolução da relação entre governantes e governados e esclarecer o papel dos meios de comunicação social e dos consultores, cujo objetivo é fazerem com que os seus clientes vençam as eleições e, de seguida, conservar-lhes a popularidade e o consenso enquanto estão no governo.

INTRODUÇÃO

Os consultores políticos tornaram-se, atualmente, protagonistas daquilo que é definido como *fast politics*: uma política mediatizada que requer uma comunicação permanente, a capacidade de compreender profundamente as características dos diferentes meios de comunicação social e de comunicar e dar resposta de maneira célere num cenário onde a *web*, os telemóveis e os noticiários contínuos permitem difundir uma mensagem por milhões de pessoas em poucos segundos.

No primeiro capítulo descreve-se o processo de profissionalização da comunicação política e as várias etapas da afirmação dos consultores políticos modernos: desde os pioneiros, que começaram, nos anos 30 do século passado, a ocupar-se de campanhas eleitorais nos Estados Unidos, até à afirmação, nas últimas décadas, de uma elite de consultores que fazem campanhas pelo mundo inteiro, e ao nascimento de associações (antes internacionais e, agora, nacionais). A internacionalização da profissão permitiu, com efeito, o nascimento de especialistas locais que aprenderam as técnicas nos Estados Unidos ou através de consultores norte- -americanos. Noutros países também há profissionais que fazem da consultoria política a sua profissão: fornecem serviços de consultoria e/ou serviços a candidatos, a partidos e a outros sujeitos (administrações, empresas, organizações, indivíduos) que intervêm no seio da esfera pública. Não se trata simplesmente de comunicadores ou especialistas de marketing que se ocupam temporariamente de política. Um consultor político ocupa grande parte da sua atividade, tanto em termos de faturação como de tempo, fornecendo consultoria e serviços que não dizem respeito apenas a campanhas eleitorais e de comunicação (*campaign consulting*), mas também a políticas públicas (*policy consulting*), à gestão estratégica do processo de tomada de decisão pública e à gestão de problemáticas específicas (*public affairs*).

O segundo capítulo é dedicado ao nascimento e evolução do marketing político, que hoje influencia cada vez mais o comportamento dos políticos, dos partidos e dos governos e não apenas a sua comunicação [Lees-Marshment 2009a]. Palavras como mercado, *brand*, posicionamento, segmentação, *target* são, agora, utilizadas habitualmente em política. Adotar uma orientação para o marketing requer dos partidos uma forte mudança que leve a organização no seu conjunto a «determinar as necessidades e os desejos dos *targets* e a satisfazê-los de maneira mais eficaz e eficiente do que os adversários» [Kotler 1991, 17]. Afirmam-se, assim, novos modelos de partido, e os candidatos são transformados em *brands*, em marcas, na tentativa de estabelecer com os eleitores uma ligação emocional que lhes conserve ou modifique a reputação.

Uma boa campanha eleitoral baseia-se em alguns aspetos fundamentais: uma oferta sólida de conteúdos e valores, uma coligação fiável e coesa, uma liderança reconhecida e uma grande capacidade operacional. Este último elemento tem sido subvalorizado com demasiada frequência nos anos mais recentes, em privilégio de uma atenção, muitas vezes ambígua, à necessidade de comunicar: mas a comunicação sem uma análise atenta (e autoanálise, como veremos) corre o risco de se tornar um exercício meramente teórico e autorreferencial, ou então de se concentrar em aspetos de folclore, que muito agradam aos meios de comunicação social (a gravata adequada é que conduz à vitória).

Uma abordagem estratégica exige uma cuidadosa análise do contexto competitivo para definir as melhores jogadas, utilizar da melhor maneira os recursos e evitar os erros. Os capítulos 3, 4 e 5 são dedicados à descrição das três fases do método CDA (Compreender-Decidir-Agir), que é uma metodologia de construção das campanhas, eleitorais e permanentes, composta por três fases. Em primeiro lugar, uma análise atenta dos objetivos, dos atores em campo, das regras e do terreno de jogo (Compreender). Em segundo lugar, a definição da estratégia, dos públicos e das mensagens adequadas para se alcançarem os objetivos (Decidir). Por fim, a campanha operacional, a atuação de uma comunicação criativa, focada e eficaz, a monitorização e a verificação dos resultados (Agir).

Uma campanha pode fracassar em cada uma das três fases, mas a fase mais exposta a riscos é seguramente a segunda, a da definição

INTRODUÇÃO

da mensagem. A mensagem não é simplesmente a utilização de algumas palavras apelativas, mas o elemento central de uma campanha: o motivo pelo qual o eleitor deveria votar de uma maneira e não de outra. A mensagem faz parte de uma narrativa, de uma história que é apresentada aos eleitores. O capítulo 6 expõe as técnicas de *storytelling*, que esteve na base, não apenas da comunicação de Barack Obama nas eleições de 2008, mas também da formação de milhares de voluntários. O *storytelling* e as neurociências recentraram o debate no papel das emoções, que mostram ser um formidável atalho cognitivo para os eleitores. Para Westen [2007], os sentimentos que os eleitores têm em relação a um candidato ou a um partido podem, portanto, tornar-se um elemento preditor do resultado eleitoral. Na publicidade e no discurso político, para suscitar emoções são usados sons, imagens e palavras. Estas têm a função de evocar *frames*, ou seja, quadros de referência que permitem evocar representações, mapas mentais e conhecimentos de outro tipo. As metáforas utilizadas no discurso político fixam o modo como os eleitores enquadram as questões políticas e desempenham um papel importante na formação dos sentimentos para com os partidos e expoentes da política [Luntz 2007].

Por fim, o último capítulo procura responder à pergunta: «Pode o marketing político ajudar a governar?». Independentemente do grau de profissionalização, a busca de consenso é uma atividade permanente, que nunca está terminada: começa no dia a seguir às eleições e apenas fica suspensa no dia anterior ao das eleições seguintes. Na política pós-moderna, os presidentes e os primeiros-ministros dos países democráticos sentem em todas as latitudes a dificuldade de passar do *campaigning* (estar em campanha) para o *governing* (governar) conservando a base de sustentação que lhes viabilizou a vitória eleitoral.

O marketing político é um instrumento fundamental para contrastar a crescente instabilidade de um governo numa arena política altamente competitiva e mediatizada que, primeiro, requer popularidade para se vencerem as eleições e, depois, mete à prova, duramente, essa popularidade no decorrer das tentativas de concretização das promessas eleitorais. A campanha permanente não é, de facto, suficiente para resolver a dicotomia entre popularidade e consenso se não for suportada por um conjunto complexo de instrumentos de análise e de comunicação para compreender a fundo o contexto geral, os desejos e as necessidades dos eleitores, e a perceção e o juízo sobre o trabalho desenvolvido. A campanha permanente não diz respeito apenas a quem está no governo, diz respeito, e de maneira crescente, à interação das estratégias de vários atores que disputam visibilidade, poder e influência numa arena pública que «no seu conjunto [...] se tornou mais turbulenta, menos previsível, menos estruturada e mais difícil de controlar» [Blummer e Kavanagh 1999].

A *fast politics* requer repensar radicalmente a maneira de fazer política, de responder às exigências dos cidadãos e de lidar com os problemas sociais e económicos. A construção do consenso passa pela capacidade de desenvolver um sistema de governo das relações e a definição de políticas públicas eficazes. Tal implica que se amplie a abrangência de estudo e de ação do marketing político, que deve estender-se a todos os aspetos estratégicos úteis para melhorar a relação com os cidadãos e a fomentar uma ação de governo com uma perspetiva de médio-longo prazo (para onde se quer ir), ao invés de gerir a breve prazo as situações de emergência (onde não se quer estar). Para alcançar este resultado é preciso visão política e capacidade de adaptação ao contexto e às suas transformações, de maneira a oferecer novas respostas de modo veloz, sem esquecer que ser veloz não significa ser superficial.

Capítulo I
A consultoria política

Os consultores políticos são o novo poder no interior do sistema político norte-americano. No fim do dia ficam à espera dos comentários aos seus desempenhos por parte dos vários órgãos de informação. Para o staff *da Casa Branca, cada noite é uma noite de eleições que entra em cena na televisão.*

KERNELL [1986, 138]

No seu estudo de 1982, intitulado *The rise of political consultants*, Larry Sabato delineou as características de um novo grupo de profissionais da política, os consultores políticos, que praticam uma atividade ao mesmo tempo moderna e antiga (tanto quanto a política). Com efeito, a história tem muitos consultores políticos e ao lermos as obras de Nicolau Maquiavel e Quinto Túlio Cícero estamos mesmo perante verdadeiros manuais de consultoria política ([1]).

([1]) No livro o autor desempenha o papel de um moderno James Carville (o consultor que levou Clinton à vitória nas eleições presidenciais de 1992), dispensando conselhos ao irmão, candidato ao cargo de cônsul.

18 MARKETING POLÍTICO

Comparando com o contexto em que intervinham Maquiavel e Cícero, o que mudou não foi a essência das campanhas eleitorais, que dizem respeito à conquista do consenso, mas as tecnologias e os meios à disposição e, consequentemente, a linguagem. A afirmação da figura moderna do consultor político está, com efeito, ligada às transformações introduzidas pelos meios de comunicação social como a televisão, que exigiram profissionais capazes de compreender o seu funcionamento e linguagem. Está, atualmente, em curso uma nova transformação ligada ao crescente peso da Internet e das tecnologias digitais, e à introdução do marketing político e das tecnologias avançadas de segmentação e de *microtargeting* do eleitorado.

1. A ascensão dos consultores políticos

Segundo Joe Napolitan, um dos pioneiros da profissão moderna, o consultor político não é mais do que um especialista da comunicação política capaz de intervir nas três fases que compõem uma campanha eleitoral [Napolitan 1972]: a definição da mensagem (decidir o que se quer dizer), a escolha dos meios (decidir como dizê-lo) e a comunicação propriamente dita (dizê-lo). Trata-se, portanto, de um consultor que fornece as competências necessárias para a condução das campanhas eleitorais modernas, caracterizadas por uma complexidade crescente e por cada vez maior cientificidade. Figura cujas características são muito bem descritas por Pozzi e Rattazzi [1994, 265-266], que definem o consultor político como

---

O que surpreende é o total desinteresse pelos conteúdos, enquanto a atenção é posta nas estratégias de imagem e reputação do candidato e na construção do consenso insinuando na opinião pública uma perceção positiva do próprio nome, da figura e da vida.

A CONSULTORIA POLÍTICA

Um profissional independente e livre. O seu vínculo a um partido ou a um personagem político é idêntico ao que se tem com um cliente. O seu interesse central é a atividade política, de que conhece bem as estruturas, as instituições, os procedimentos, as pessoas. As suas competências e conhecimentos são amplos e complexos e vão desde a ciência política e da sociologia, até à comunicação de massa, à psicologia social, à dinâmica de grupos e à teoria da liderança. Habituou a sua mente à visão sintética e global e ao pensamento estratégico. Educou-se a governar eficazmente grupos de trabalho, inclusivamente numerosos, em situações de stress e emergência. Teve experiências de vida que aperfeiçoaram a sua capacidade de conhecer sem ilusões os homens e as suas emoções. É capaz de ironia e sabe que a sua presença pode ser fundamental para o candidato, mas também tem consciência de que, no fundo, o candidato pode prescindir dele. É um psicoterapeuta espontâneo e, por vezes, profissional, consegue não ser o espelho inútil dos desejos do outro, mas é capaz de ser crítico e realista sem suscitar ansiedade.

O consultor político, tecnicamente, é um «diretor de orquestra», por outras palavras um *coach* capaz de coordenar e distribuir recursos escassos (tempo, dinheiro e talento). A importância da sua presença não se limita à definição das mensagens, da estratégia e dos meios, mas alarga-se à capacidade de disciplinar e dirigir a campanha. É necessário alguma maturidade a nível político: já ter estado ligado à política permite-lhe conhecer a linguagem e os rituais da política, impede-o de ferir a sensibilidade dos políticos e das pessoas próximas do candidato para não correr o risco de ser imediatamente rejeitado ou visto negativamente (e, portanto, hostilizado).

Nascido como figura generalista que se ocupava de todos os aspetos da campanha, o consultor político conheceu nos últimos trinta anos uma forte evolução em consequência do aparecimento de novos instrumentos e da fragmentação dos meios de comunicação social, que exigiu a presença de profissionais e de serviços de elevada especialização. Dennis W. Johnson [2000; 2009] elaborou uma classificação que divide os consultores em três categorias: *strategist*, *specialist* e *vendor*.

Da categoria dos *strategists* fazem parte os consultores e as agências que elaboram a mensagem da campanha e a comunicam aos eleitores, oferecem consultoria estratégica e assistência no decurso da campanha eleitoral.

Os *specialists*, ao invés, fornecem serviços essenciais à campanha (como o *fund raising* [angariação de fundos (*)], a compra de espaços nos meios de comunicação social, a *opposition research* [investigação da oposição]e a redação dos discursos.

Os *vendors*, por fim, fornecem produtos e serviços úteis à campanha (sítio na internet, *software*, impressão dos materiais de campanha, listas de eleitores para as ações de *direct mailing*).

A classificação de Johnson é reflexo da amplitude do mercado norte-americano, que permitiu o nascimento de estruturas especializadas, também em serviços como as ações de marketing direto ou a construção de sítios na internet, que fazem da política a sua fonte de rendimento principal, senão mesmo exclusiva. Na Europa existem poucas agências especializadas em consultoria política e tende-se a usar estruturas (agências de publicidade, institutos de pesquisa) para as quais a política é apenas uma pequena parte da atividade. Todavia, quando se fala de consultor político tende-se sempre a fazer referência, e é o que faremos neste livro, à figura dos estrategos, aquele «pequeno corpo de elite de consultores que, movimentando-se de estado em estado, trabalham em muitas campanhas em simultâneo e que se envolveram em centenas de campanhas durante as suas carreiras [Sabato 1981, 8]. Esta elite de consultores foi descrita na primeira bibliografia científica [Broder 1981; Sabato 1981] de maneira negativa (*adversarial view*): os novos profissionais da política eram considerados a causa da deterioração das campanhas eleitorais e da democracia norte-americana,

---

* Em inglês no original. O autor recorreu aos termos ingleses para uma série de vocábulos próprios do jargão do marketing político, e a tradução manteve essa opção, vertendo o termo para português, entre parêntesis rectos, quando isso se justifica para uma melhor compreensão; outros, os consagrados pelo seu uso mesmo em inglês, ficaram no original (*N. E.*).

com a introdução das campanhas negativas, o aumento dos custos das eleições e a ênfase na imagem em detrimento da substância. Eram descritos como especialistas de marketing exclusivamente dedicados ao sucesso dos candidatos e não a fazerem prevalecer os objetivos do partido ou uma ideologia política no seu conjunto. Estudos mais recentes [Kolodny 2000; Duilio 2004] descreveram de maneira diferente o papel dos consultores e a sua relação com os partidos (*allied view*): trata-se, de modo preponderante, de profissionais formados no seio dos próprios partidos e com forte filiação política, capazes de trabalhar em sintonia com o seu partido de referência para alcançarem objetivos comuns. Num estudo de 2007 [Bohne, Prevost e Thurber 2009], em 324 consultores entrevistados apenas 2 não tinham trabalhado exclusivamente para candidatos do mesmo partido. Não se trata, portanto, de mercenários, mas de profissionais que se tornaram consultores políticos sobretudo por «motivações ideológicas ou convicções políticas», como indicam também os 53,5% dos entrevistados num estudo conduzido por Duilio [2004].

Em conclusão, podemos afirmar que «os consultores políticos são profissionais remunerados que prestam consultoria e/ou serviços a candidatos, partidos e outros sujeitos (administrações, empresas, organizações) que operam na esfera pública». Além do pagamento da consultoria e/ou dos serviços, outra condição necessária é a de que tal atividade seja prevalente ou exclusiva tanto em termos de tempo como de rendimentos. Caso contrário, trata-se de profissionais da comunicação que, temporariamente ou em medida reduzida no que toca ao rendimento, desenvolvem ou prestam serviços no âmbito da consultoria política, mas não poderão ser definidos consultores políticos. Vejamos, de seguida, quais as caraterísticas do mercado em que se encontram a trabalhar.

1.1. *O mercado da consultoria política*

A consultoria política e de campanha eleitoral é uma profissão relativamente nova que continua a desenvolver-se e a redefinir-se a cada ciclo eleitoral. Nos Estados Unidos, o mercado da consultoria política atingiu um certo grau de amadurecimento e movimenta um volume de negócios na ordem dos milhares de milhões de dólares. Trata-se de um mercado de nicho no seio do setor mais amplo do *marketing* e da comunicação, e caracteriza-se por ser dinâmico, altamente cíclico e constituído por pequenas sociedades. A maior parte das cerca de 3000 agências norte-americanas especializadas em consultoria política é composta por menos de 10 pessoas e fatura algumas centenas de milhares de dólares. São poucas as agências que faturam milhões de dólares (quase exclusivamente no setor das sondagens e do marketing direto) e existem muitas micro-agências (de 1 a 3 membros) que atuam, amiúde, a partir de casa do consultor ([2]).

Na tentativa de ampliar o volume de negócios e de não os vincular simplesmente aos ciclos eleitorais, os consultores políticos começaram a trabalhar também para empresas e clientes *non profit*, e a gerir campanhas de *crisis management* e de *issue advocacy* [advocacia de causas, Johnson 2000]. As associações da categoria (a partir da norte-americana) refletem esta realidade, englobando consultores políticos e de *public affairs*. Podem, assim, ser delineados dois âmbitos de consultoria: 1) a consultoria a *decision makers*, grupos e partidos políticos; 2) a consultoria a *decision makers*, organizações e empresas que atuam na esfera política e pública.

A associação alemã Degepol elaborou um documento que divide a consultoria política em três setores de atividade: *campaign consulting, policy consulting* e *public affairs*.

O primeiro setor (*campaign consulting*) diz respeito à elaboração e à transmissão de mensagens específicas no seio das campanhas eleitorais e de comunicação. Fazem parte deste setor a *campaign management*, o marketing político e a publicidade política.

([2]) O próprio James Carville pertencia a esta categoria, tendo durante muito tempo trabalhado (mesmo após a sua afirmação) a partir do seu gabinete-apartamento em Capitol Hill, denominado *bat cave*.

A consultoria às políticas públicas (*policy consulting*) tem a ver com a concretização de soluções específicas em determinadas áreas de atividade de governo.

Os *public affairs*, por fim, dizem respeito à gestão estratégica do processo de decisão público para favorecer o diálogo entre a política, as empresas e a sociedade, e a gestão das relações externas de uma organização com as administrações públicas, o Parlamento, as *authorities* e as comunidades.

O mercado emergente italiano tem em comum com o mercado dos Estados Unidos a presença de pequenas agências que para «sobreviverem» não se limitam às campanhas eleitorais, mas oferecem serviços de *public affairs* e comunicação pública. Todavia, as motivações parecem ser diferentes: nos Estados Unidos é uma maneira de se protegerem da escravidão dos ciclos eleitorais, que conduz à alternância entre momentos de trabalho de 24 horas por dia e faturação elevada e momentos de escassa atividade e baixa faturação; em Itália, ao invés, parece ser uma escolha obrigatória para sobreviver no mercado. Existe também um forte *turnover*: a maior parte das agências nascidas nos últimos cinco anos desapareceu (ou mudou de nome e estrutura) e a cada nova onda eleitoral são lançados novos sujeitos. Um estudo recente, com uma amostra de 70 consultores italianos, evidenciou a existência de 14 agências, mas apenas 3 com mais de uma citação (Running, GM&P e Public) ([3]).

A afirmação e o reconhecimento da profissão levarão a uma maior definição dos operadores do mercado, mas não necessariamente a uma maior estabilidade dos sujeitos. Nos Estados Unidos é frequente o aparecimento e o desaparecimento de agências, que amiúde são uma mera aliança de vários profissionais e, portanto, estão sujeitas a cisões. A Itália carece de um número suficiente de

---

([3]) Giorgia Bulli e Marco Cacciotto, *Esiste un mercato per la consulenza politica in Italia?* O estudo é uma extensão da primeira pesquisa levada a cabo em 2006 por Giorgia Bulli e Stefania Vivoli sobre uma amostra de 40 consultores.

consultores que façam da política a fonte predominante da sua atividade e rendimento: em Itália, a atividade está sobretudo ligada ao período das campanhas eleitorais. Os questionários do estudo citado revelam que

> a atividade de consultoria, tanto do ponto de vista da continuidade, como do ponto de vista da percentagem de faturação de tal prática profissional relativa ao grupo (ou à sociedade) em que os consultores políticos trabalham, não é quase nunca o seu único campo de ocupação. Cerca de metade dos entrevistados respondeu que a atividade de consultoria representa apenas 10% da sua faturação. [Bulli & Vivoli 2007]

Todavia, existem vários sinais que fazem pensar numa evolução a partir de uma fase inicial, com profissionais da comunicação que prestam os seus serviços por ocasião das campanhas eleitorais, até a uma fase mais avançada, com profissionais que fazem da política e do setor de interesse público a sua profissão, desenvolvendo também um sentido de categoria profissional que não existe em Itália.

Grande parte da bibliografia sociológica define as categorias profissionais segundo critérios bem definidos: o controlo sobre a entrada na profissão, a existência de um código ético vinculativo para os profissionais da categoria, a existência de um corpo de conhecimentos definidos e fundados teoricamente, a existência de escolas de especialização que certificam os profissionais, o emprego permanente em determinado setor, e também uma organização formal que representa a sociedade e os profissionais e defenda os seus interesses [Scammell 1997]. A oferta de serviços de consultoria italiana, pelo menos deste ponto de vista, não é uma oferta cabalmente profissional precisamente porque apenas respeita alguns destes critérios.

2. As três fases da consultoria política

Tal como com as classificações da evolução da comunicação política [Blummer e Kavanagh 1999; Norris 2000; Plasser e Plasser

2002], também a consultoria política pode ser dividida em três fases a partir do advento dos meios de comunicação de massa, que modifica radicalmente o quadro de referência das campanhas eleitorais. Isto não quer dizer que antes não existissem figuras cuja tarefa fosse coordenar o trabalho das campanhas eleitorais, mas

> na época das campanhas pré-modernas a «mão-de-obra» era constituída sobretudo por voluntários, militantes do partido e simpatizantes [...] guiados por funcionários de partido locais, ou por pessoal político que seguia de uma maneira mais ou menos fiel as diretivas enviadas do centro. [Campus 2008, 47]

Meios de comunicação de massa como a rádio, primeiro, e a televisão, depois, permitiram chegar em simultâneo a milhões de eleitores espalhados por todo o território nacional. Isto comporta, por um lado, a necessidade de dominar estes novos meios e, por outro, a exigência de deslocar o centro organizativo das campanhas da periferia para o centro para planificar campanhas capazes de difundir uma mensagem uniforme a nível nacional.

Primeira fase da consultoria política. Nesta fase, a maior parte do trabalho era feito por profissionais provenientes, inicialmente, do mundo das relações públicas e das ciências sociais e, de seguida, de Hollywood e da crescente indústria publicitária de Madison Avenue [Johnson 2009]. Os primeiros exemplos são dos anos 30: em 1933 nasce nos Estados Unidos a primeira sociedade de consultoria política moderna, a Campaings Incorporated, fundada por Clem Whitaker, um profissional da publicidade nos jornais diários, e pela sua mulher Leone Baxter, que trabalhara para a Câmara do Comércio californiana. Os cônjuges venceram 70 das 75 campanhas que dirigiram e das quais exigiam controlo absoluto. Certa vez, conversando com alguns colegas, Whitaker lamentou que a venda de um candidato não fosse como a venda de um automóvel: enquanto esta era muda, um candidato «é capacíssimo de dar cabo de si próprio com os seus discursos, apesar de tudo o que fazemos por ele na sede da campanha» [Packard 1958; trad. it. 1989, 179].

Mas embora tivessem criado um novo negócio ajudando os seus clientes a definir as mensagens, organizar as campanhas, comunicar com os eleitores e influenciar o processo legislativo através de campanhas *grassroots* [a partir das bases], os dois cônjuges consideravam a sua atividade como relações públicas e não como consultoria política (⁴). Ainda nos anos 30, mais precisamente em 1936, Franklin Delano Roosevelt utilizou a primeira sondagem eleitoral científica realizada por George Gallup segundo um método de pesquisa que ele próprio inventou. Gallup conseguiu prever, com boa aproximação, a vitória do presidente cessante, que «havia compreendido antes de todos os outros a importância de organizar, planificar e comunicar através do marketing a sua oferta política, a sua mensagem, a sua pessoa» [Foglio 1999].

Nessa mesma década entra em ação também Edward Louis Bernays, considerado um dos pioneiros da consultoria política e, juntamente com Ivy Lee, fundador da ciência das Relações Públicas. No seu livro de 1928, *Propaganda*, Bernays exprime conceitos ligados à relação entre consenso e opinião pública, que são ainda atuais, e usa com sentido positivo termos como manipulação e propaganda: «a manipulação consciente e inteligente dos hábitos e das ideias das massas é um aspeto importante do funcionamento de uma sociedade democrática» [Bernays 1928; trad. it. 2008, 25].

Nos anos 50 já havia a figura do *campaign manager* e recorria-se de maneira difusa a agências publicitárias e a profissionais de Hollywood para produzir os primeiros anúncios televisivos e tornar as *conventions* mais adaptadas ao meio televisivo [Packard 1958]. Em 1952, a agência publicitária Ted Bates idealizou a campanha do candidato republicano à presidência Dwight Eisenhower, que previa um *slogan* muito apelativo, que ficava no ouvido, *I like Ike*, e uma série de três anúncios televisivos e radiofónicos intitulados *Eisenhower answers America*. Os três guiões foram escolhidos atra-

---

(⁴) Será necessário esperar pelos anos 50 para encontrar o primeiro profissional não proveniente da área das relações publicas, Joe Napolitan, a ser definido pela primeira vez como «consultor político».

A CONSULTORIA POLÍTICA

vés de sondagens conduzidas por Gallup: os principais problemas dos norte-americanos eram os preços e os impostos demasiados elevados, a corrupção na administração e a guerra da Coreia. Em cada um dos anúncios um cidadão comum fazia uma pergunta ao ex-general e este respondia com uma ou duas frases que remetiam sempre para o facto de ter chegado a hora da mudança. Num ataque final desesperado, o candidato rival, Adlai Stevenson, acusara Eisenhower por este utilizar técnicas publicitárias, defendendo que a política não devia ser terreno de jogo para vendedores profissionais: «não se trata de um desafio entre o sabonete da Ivory contra o sabonete da Palmolive» [Devlin 1987, 23]. Ao mesmo tempo, George Ball, um dos seus principais conselheiros, tomou consciência de que o problema maior não era o uso de técnicas publicitárias por parte de Eisenhower, mas, ao invés, o facto de Stenvenson «obstinately refused to learn skills of the effective television performer» ([5]) [Donovan e Scherer 1992, 22]. Confrontavam-se, assim, pela primeira vez, um estilo velho e um estilo novo de conduzir campanhas eleitorais, com a vitória do estilo novo. Eisenhower ganhou as eleições e o seu adversário Adlai Stevenson, que em 1952 não quisera utilizar anúncios televisivos, conseguindo novamente a *nomination* em 1956 mudou de ideias. O sucesso da campanha e eleição de Eisenhower fez com que, a partir desse momento, nenhum candidato pudesse renunciar aos anúncios televisivos e ao contributo de profissionais. Em 1960 Kennedy utilizou diretamente na sua campanha presidencial um *pollster* ([*]), Louis Harris, e com a difusão das tecnologias de informação o uso de sondagens conheceu um crescimento exponencial.

Com o início da era televisiva a figura profissional do *campaign manager* torna-se habitual nas eleições presidenciais, nas eleições dos governadores e nas eleições para o Senado, e afirma-se uma

---

([5]) «Recusasse obstinadamente aprender técnicas para se tornar eficaz nas aparições televisivas».

([*]) Alguém cujo trabalho é encomendar sondagens e analisá-las minuciosamente, contribuindo com esses dados para a gestão da campanha (*N. R.*)

nova geração de consultores políticos: em 1967 é fundada, nos Estados Unidos, a Associação Americana dos Consultores Políticos (AAPC) e, no ano seguinte, a Associação Internacional dos Consultores Políticos (IAPC) pelo norte-americano Joe Napolitan e pelo francês Michel Bongrand. Atualmente, esta última conta com mais de 200 profissionais provenientes dos cinco continentes.

Segunda fase da consultoria política. A partir dos anos 60 podemos, por isso, falar de uma segunda fase da consultoria política, caracterizada pela importância e complexidade crescente dos meios de comunicação, pela perda de importância dos aparelhos dos partidos e pela consequente externalização de uma série de funções. O «*gap* tecnológico» obriga os partidos a dirigirem-se a consultores capazes de gerir os novos instrumentos e de treinarem candidatos e pessoal político na linguagem imposta pelo novo *medium*. Além da externalização e do *gap* tecnológico, surge um novo fator que favorece a ascensão dos consultores políticos. Trata-se daquela que é definida como «emancipação» dos candidatos [Sampugnaro 2006, 70]: «os candidatos libertam-se dos partidos e, por isso, precisam de construir as suas campanhas (*candidate-centered campaigns*) com organizações próprias e adequadas à competição».

Nos Estados Unidos esta transição coincide com o momento de maior debilidade dos partidos e contribui para criar características que permanecem, ainda hoje, específicas: um profissionalismo exógeno e um papel fundamental dos consultores políticos na definição da mensagem e na construção e gestão das campanhas eleitorais. Não se passa o mesmo nos países europeus, com características culturais ou sistemas políticos diferentes. Na Grã-Bretanha, embora a primeira utilização de consultores políticos remonte aos anos 50, é preciso esperar pelos anos 80 para ver esta nova figura profissional desempenhar um papel sistemático com algum grau de influência na elaboração das estratégias de campanha eleitoral [Negrine 2007]. O primeiro político britânico a utilizar de maneira sistemática as possibilidades do marketing político foi Margaret Thatcher: em 1978, a um ano das eleições gerais, dirigiu-se

A CONSULTORIA POLÍTICA

a Maurice Saatchi, que juntamente com o irmão tinha acabado de criar uma pequena agência de publicidade, mais tarde destinada a tornar-se um colosso internacional ([6]). A campanha elaborada pelos irmãos Saatchi continua a ser uma das mais famosas devido ao manifesto que exibia uma longa fila de desempregados e dizia *Labour isn't working* («o Partido Trabalhista não funciona/ não trabalha»; jogo de palavras entre *labour* e *work*). Os Conservadores ganharam e o governo de Thatcher governou durante toda a década de 80. Nesse decénio, o governo britânico tornou-se o maior investidor publicitário na Grã-Bretanha, ultrapassando a Procter & Gamble [Scammell 1999].

O contributo da Saatchi & Saatchi teve duas características muito importantes: comparativamente a outras agências, não se limitou a uma intervenção específica, mas forneceu um serviço completo (desde a publicidade aos estudos de mercado, passando pela gestão de contactos, pela organização de eventos, pelo *telemarketing* e pelo *direct mailing*); por outro lado, prosseguiu com a colaboração também em período não eleitoral, o que permitiu assumir uma lógica de longo prazo segundo uma estratégia global acordada com a liderança do partido [Webb 2002]. O trabalho da agência foi apoiado por uma estrutura eficaz que, através do departamento organizativo, produzia materiais de divulgação, mantinha o diálogo com os meios de comunicação social e fornecia informações e conselhos às secções locais, aos candidatos e às associações próximas.

O Labour Party hesitou durante muito tempo em acolher uma lógica de marketing que permitisse modernizar a estrutura e torná-la mais eficaz na comunicação com os eleitores. Com efeito, será preciso esperar pelos anos 80 para observar uma mudança profunda, quer ao nível organizativo, quer ao nível cultural. Foi Neil Kinnoch quem deu início a uma centralização estratégica da

---

([6]) Atualmente, a Saatchi & Saatchi tem 6000 funcionários e escritórios em 30 países. Em 2007 foi contratada pelo Labour para dar novo fôlego ao partido, em crise após a era Blair.

comunicação e o envolvimento de um gabinete munido de profissionais da comunicação e das sondagens [Sampugnaro 2006], mas a verdadeira passagem para uma estrutura *market oriented* ocorreu com a eleição de Tony Blair para secretário.

O sistema eleitoral presidencial francês presta-se particularmente bem à introdução do estilo de campanha norte-americano e a eleição de Sarkozy não foi certamente o primeiro exemplo de campanha eleitoral «à americana». Em França, o uso de profissionais das sondagens e de consultores políticos remonta, com efeito, às eleições presidenciais de 1965. Nessa ocasião eleitoral, o candidato centrista Jean Lacaunet fez-se acompanhar de Michel Bongrand, que organizou uma campanha centrada na figura do candidato, ao estilo das campanhas norte-americanas. Lacaunet, que antes das eleições era um perfeito desconhecido, obrigou o presidente cessante De Gaulle a enfrentar uma inesperada e, em certos aspectos, humilhante segunda volta [Riutort 2007; Campus 2008]. Nas eleições de 1974, Giscard d'Estaing apoiou-se nos serviços de Joe Napolitan para derrotar o candidato socialista François Miterrand. Sete anos depois, preparando-se para a desforra, o líder socialista, na sequência de estudos de mercado profundos, decidiu modificar a tradicional mensagem política do seu partido. Contratou os serviços do publicitário Jacques Séguéla [1992; 2010], conhecido pela sua abordagem muito orientada para o produto e denominada *star system*, que idealizou uma campanha de cartazes 6x3 e um dos lemas mais famosos da história da comunicação política: *La force tranquille*. Miterrand foi também o primeiro presidente francês a criar uma estrutura no Eliseu dedicada à atividade de comunicação. Para preparar as eleições de 1988 criou, durante o mandato presidencial, uma equipa chefiada por dois consultores franceses, Aubert e Colé, que sugeriu construir a sua imagem pública conotando-o com a sabedoria e pondo a seu lado um jovem primeiro-ministro (Laurent Fabius). A estratégia permitiu a Miterrand subir nas sondagens, que até àquele momento eram negativas, e derrotar o adversário Chirac (que escolhera como consultor um inglês, Tim Bell).

A CONSULTORIA POLÍTICA

Em Itália, é a partir de meados dos anos 80 que os instrumentos de marketing político começam a impor-se, mas o verdadeiro salto de qualidade ocorre com a entrada em campo de Sílvio Berlusconi. No âmbito da comunicação e do marketing, os anos 80 ficaram marcados por mudanças cuja intensidade e força eram iguais e opostas à situação de beco sem saída que, ao invés, caracterizava a vida política do país: nesses anos intervêm os primeiros pioneiros da consultoria política e um artigo publicado em *Il Mondo* de 15 de julho de 1985 «refere-se pela primeira vez à existência em Itália de uma empresa de relações públicas que aplica técnicas de marketing à análise do voto e à organização das campanhas eleitorais» [Rodriguez 2001]. As sondagens afirmam-se como instrumento de trabalho e um livro de Renato Mannheimer e Giacomo Sani [1987] intitulado *Il mercato elettorale* sublinha as mudanças em curso num sistema político que tinha visto até àquele momento o domínio do voto de pertença e escassa atenção aos eleitores móveis. Nos anos 80 foram usados pela primeira vez cartazes 6x3, afixados antes do surgimento da proibição dos 30 dias antecedentes ao dia do voto e o começo na televisão dos anúncios eleitorais. Nas eleições políticas de 1983 todos os principais partidos recorreram a anúncios eleitorais: a DC [Democracia Cristã] com uma série de anúncios que começavam com situações de perigo e terminavam com um final feliz e o lema *Decidi Dc* [«Decide pela DC»]; o PSI [Partido Socialista Italiano] com anúncios focados no líder do partido, Bettino Craxi, e alguns testemunhos de famosos do mundo do espetáculo e do desporto e do mundo empresarial; o PCI [Partido Comunista Italiano] com anúncios de estilo mais cinematográfico [Novelli 2006]. O mais atento ao novo profissionalismo, e também o mais rápido a intuir o potencial do meio televisivo, foi Bettino Craxi, o líder do PSI, que tinha no seio da sua *entourage* pessoas que conheciam bem a publicidade, a televisão e as sondagens de opinião. Entretanto, também da Democracia Cristã chegavam sinais de atenção e renovação: para a sua campanha eleitoral de 1987, De Mita serviu-se de De Rita (secretário do CENSIS, centro de estudos socioeconómicos), de Calvi (presidente do instituto de investigação Euriskos) e de Mignani (agência RSCG). O lema *Forza Italia, fai vincere le cose che contano* [Força Itália, faz vencer as coisas que têm valor], utilizado numa campanha de anúncios tecnicamente muito eficazes, é um exemplo positivo de abordagem profissional à comunicação eleitoral [Calvi e Minoia 1990].

Enquanto nos países europeus se começava a afirmar o marketing político, nos Estados Unidos a utilização de serviços profissionais nas campanhas cresceu de forma constante nos anos 80, que viram a explosão das empresas de consultoria política. Ronald Reagan, com a sua presidência, elevou o recurso a consultores a um novo patamar. Em 1980, por ocasião da sua primeira campanha eleitoral presidencial, chamou Michael Deaver, produtor de Hollywood, grande especialista de filmagens em exteriores e de enquadramentos e confiou nas pesquisas de Richard Wirthlin. Este, através da monitorização da opinião pública, da imagem do candidato e dos assuntos mais importantes para os eleitores, permitiu a Reagan conduzir o debate eleitoral para temas que lhe eram mais favoráveis, insistindo na economia com um *slogan* que atingia duramente o presidente cessante Jimmy Carter naquele período de crise económica: «Americanos, estão melhor hoje ou há quatro anos?» [Cattaneo e Zanetto 2003, 5]. Uma equipa de *ghostwriters* de grande experiência, como Peggy Noonan, ex-jornalista da CBS, contribuiu para a criação da retórica reaganiana, que representa ainda hoje um modelo estudado.

Terceira fase da consultoria política. Nos anos 90 surge no mercado uma nova geração de políticos e de consultores e tem início a terceira fase da consultoria política: nascem as associações continentais como a sul-americana ALACOP e a europeia EAPC e, a par da difusão do marketing político, assiste-se a uma crescente internacionalização da consultoria política. Na verdade, nos Estados Unidos, por um lado, a utilização de consultores políticos estende-se às campanhas locais (até chegar aos conselhos escolares), por outro, a presença de muitos concorrentes leva alguns profissionais

A CONSULTORIA POLÍTICA

a procurarem novos mercados estendendo o raio de ação cada vez mais para o estrangeiro, em particular na direção da América do Sul e da Europa.

A modernização e a profissionalização das campanhas eleitorais, que tiveram início nos anos 90, mostram, para Plasser [2009], algumas macrotendências em concomitância com a permanência da personalização e do papel central da televisão como instrumento de campanha eleitoral: enquanto nos anos 70 só em 4 países era possível comprar espaços televisivos, em finais dos anos 90 o número subiu para 60 países. A única exceção é a Europa Ocidental, onde apenas em 6 países é possível comprar anúncios eleitorais (e com limitações). O aumento do uso dos anúncios eleitorais como instrumento de comunicação produziu, por um lado, um aumento dos custos das campanhas e, por outro, a diminuição de importância dos instrumentos tradicionais como os comícios e a afixação de cartazes. Ligados à centralidade do meio televisivo crescem em importância os debates entre candidatos na televisão (tornando-se elemento culminante em 50 países, contra 10 em finais dos anos 70).

Em relação à personalização, também em sistemas proporcionais como os de muitos países da Europa Ocidental se assiste a uma «liderização» ou «presidencialização» que, não subtraindo o controlo das campanhas aos partidos, desloca a ênfase da comunicação para a figura do líder e do candidato a primeiro-ministro.

A terceira fase ainda está em curso e caracteriza-se pela coexistência de elementos da segunda fase (centralidade da televisão, personalização, profissionalização) com novas características ligadas à emergência e crescente importância de novos instrumentos, como a internet e os novos meios de comunicação digitais, e à fragmentação dos meios (a partir da televisão) e dos públicos, que está a deslocar o enfoque das campanhas do uso das mensagens em larga escala para o uso de micromensagens endereçadas a segmentos de eleitores escolhidos com grande acuidade. As tendências identificadas por Plasser são completadas pela crescente importância de profissionais utilizados como gestores das campanhas eleitorais e o uso cada vez mais difuso de consultores externos.

3. A globalização do mercado da consultoria

A terceira fase da consultoria política é caraterizada pela formação de um mercado internacional da consultoria e pela transformação de alguns consultores em autênticas estrelas mediáticas. Uma pesquisa aprofundada, conduzida em 1998 por Bowler e Farrell [2000], tinha evidenciado um elevado crescimento do trabalho além-oceano «quer no número de empresas envolvidas nesta atividade, quer no número de países que recorreram a consultores estrangeiros». Segundo um cálculo aproximativo efetuado por Plasser [2009], estima-se o mercado eleitoral global anual entre 6 e 8 mil milhões de dólares, consoante o prazo dos vários ciclos eleitorais. Naturalmente, uma parte relevante deste orçamento anual é dedicado às despesas para comprar espaço nos meios de comunicação social, para produzir anúncios televisivos e radiofónicos, para imprimir materiais de comunicação e organizar eventos. Mas o mercado eleitoral de mais de 100 democracias também representa uma importante oportunidade de faturação para profissionais das campanhas eleitorais especialistas do marketing político, institutos de pesquisa e agências de publicidade.

3.1. *Os consultores* star

A atenção dos *media* fez com que alguns consultores se tornassem autênticas estrelas, por vezes mais famosos do que os seus próprios clientes. Dick Morris, em 1996, surgiu, juntamente com o seu cliente, o presidente dos Estados Unidos Bill Clinton, na capa da *Time*, que o definia «o cidadão privado mais influente da América». A carreira de Morris foi sobremaneira controversa. Passou dos Republicanos para os Democratas e depois regressou aos Republicanos na sequência de um escândalo que pôs fim à sua relação com Bill Clinton. Morris foi consultor em muitas campanhas eleitorais na América do Sul e na Europa e trabalhou na campanha eleitoral que conduziu Yushenko à presidência da Ucrânia [*ibidem*].

A CONSULTORIA POLÍTICA

No campo democrático, James Carville e o *pollster* Stanley Greenberg foram os protagonistas do documentário *The war room* sobre as eleições presidenciais de 1992. Carville, por outro lado, interpretou-se a si mesmo na série televisiva *K Street*, que conta em direto a atividade da agência de *public affairs* e consultoria política que ele fundou juntamente com Marie Matalin, sua mulher (os dois conheceram-se e apaixonaram-se quando chefiavam as campanhas dos dois rivais para a Casa Branca, Bill Clinton e Bob Dole).

Entre os Republicanos os dois consultores mais famosos da última década foram seguramente Karl Rove e Frank Luntz. O primeiro não só foi protagonista das duas vitórias de George W. Bush como também já o havia acompanhado durante a sua carreira política na eleição para governador do Texas. O segundo é considerado o artífice da superioridade dos candidatos republicanos na definição dos termos do debate político [Lakoff 2004; Luntz 2007; Westen 2007] e foi consultor em muitas eleições internacionais (inclusivamente a de Berlusconi em 2001).

De modo particular, Greenberg e Carville (que juntamente com Bob Schrum fundaram a GCS, uma agência global de consultoria política) tornaram-se os protagonistas mais famosos de uma nova geração de consultores globais que gerem campanhas no mundo inteiro. A equipa em redor de Greenberg liderou campanhas eleitorais em mais de 80 países e trabalhou para Bill Clinton em 1992, para Tony Blair nas suas três vitórias (1997, 2001 e 2005), para Gerard Schröder na campanha de 1998, para Nelson Mandela e Thabo Mbeki (África do Sul) e para Ehud Barak (Israel) em 1999 e em 2001.

Se as técnicas e os modelos de campanha eleitoral podem ser exportados ou não e se o contributo dos consultores é eficaz relativamente aos resultados finais é objeto de discussão e de difícil avaliação. Amiúde, os consultores mais conhecidos são, com efeito, aqueles que conseguem obter a atenção dos meios de comunicação social sobre os seus sucessos e que escrevem livros sobre as suas experiências. A figura do consultor político é, assim, controversa:

por um lado, é «mitificado» pelos meios de comunicação social (basta pensar em filmes como *The Candidate, Power, Primary Colors* ou na série televisiva *West Wing*), por outro, é acusado de «manipulação» e de ter provocado a decadência do debate político.

O trabalho levado a cabo em 2002 pela GCS na Bolívia foi descrito num documentário de Richard Boynton intitulado *Our brand is crisis*. O documentário mostra o trabalho dos consultores da GCS para revitalizar a imagem do presidente em exercício, Gonzalo Sanchez de Lozada (chamado Goni), e alcançar um segundo mandato. Transformado numa marca, Goni alcançou a vitória de maneira surpreendente com uns meros 22,5%. Infelizmente, assim que chegou ao poder, não conseguiu gerir a difícil situação do país, que desembocou numa revolta popular. No documentário fica em aberto a questão das responsabilidades: a sociedade norte-americana contribuiu de maneira decisiva para a vitória daquele que demonstrou ser um presidente incapaz, mas poderá ser-lhe atribuída culpa pelos distúrbios sociais? O contexto de um país com enormes problemas poderia desviar as avaliações para a intervenção de uma estrutura que implementou campanhas eleitorais em todos os continentes, trabalhando para líderes e *corporations*.

A atenção dos meios de comunicação social em relação aos profissionais que acompanham os políticos levou a atribuir relevância ao seu trabalho e às campanhas que promoviam. Contratar um consultor famoso significa que o candidato quer mesmo vencer. Isto permite obter maior atenção por parte dos meios de comunicação social e dar um forte impulso à recolha de fundos. Em Itália, o próprio Francesco Rutelli, em 2001, não se limitou a contratar Greenberg, mas «apresentou-o numa conferência de imprensa como o homem que faria vencer a Coligação *Ulivo*, coisa que depois não aconteceu» [Vaccari 2007, 19]. Não foi o primeiro nem o segundo consultor político a intervir em Itália: Frank Luntz e Mark Penn trabalharam para Berlusconi e anteriormente Bettino Craxi servira-se do contributo profissional de consultores norte-americanos. O primeiro caso remonta, inclusivamente,

A CONSULTORIA POLÍTICA

a 1963, mas foi um fracasso clamoroso ([7]) e foi preciso esperar pelos anos 80 para assistir à retoma da contratação de consultores norte-americanos.

3.2. *Americanização ou hibridismo?*

Para descrever a afirmação também na Europa do marketing político utiliza-se, amiúde, o termo «americanização», que indica «a prática de usar técnicas e profissionais norte-americanos para desenvolver campanhas na Europa» [Sampugnaro 2006, 76]. É aquele que Plasser [Plasser e Plasser 2002] definiu como *adoption model*, ou seja, a mera importação das estratégias e da lógica das campanhas presidenciais norte-americanas, com o resultado de transformar as campanhas nos vários países numa «reprodução global da política norte-americana» [Sussman e Galizio 2003].

Todavia, a realidade parece ser muito mais complexa: é verdade que já nos anos 60 se verificam os primeiros casos de consultores norte-americanos a dirigirem campanhas eleitorais e que, nos anos 80, aumenta o número de consultores norte-americanos a intervir no Velho Continente, mas em simultâneo também se afirmam consultores europeus que adotam algumas técnicas norte-americanas, mas adaptam-nas ao contexto europeu, que é diferente do ponto de vista cultural e normativo (Plesser designa-o como *shopping model*). À tese da americanização contrapõe-se a tese da modernização-convergência, que pressupõe a influência recíproca entre os países interessados na transformação. A adoção de algumas técnicas norte-americanas não é simplesmente resul-

---

([7]) A DC consultou o famoso psicólogo motivacional de origem austríaca Ernest Dichter, o qual, mediante estudos aprofundados, descobriu que o partido era identificado com uma matrona, uma mulher velha e pesada. Decidiu-se, então, criar um cartaz com uma rapariga vestida de branco, jovem e loura e o *slogan* «A DC tem vinte anos». A campanha foi um fracasso e a DC perdeu 4% dos votos [Novelli 2006].

tado de uma «invasão» de consultores norte-americanos, mas de um processo de modernização e de crescente volatilidade do comportamento eleitoral que os Estados Unidos experimentaram com alguns anos de antecipação.

O intercâmbio de consultores e a «imitação» de campanhas vencedoras, como a de Bill Clinton de 1992 e de Tony Blair de 1997, permitiram, em muitos países, o crescimento de uma nova geração de consultores políticos locais e a adoção de um modelo de partido orientado para o mercado. A presença de consultores norte-americanos favoreceu a troca de técnicas (e também a adaptação aos diferentes contextos) e a formação de consultores locais que, agora, em alguns casos, fazem concorrência aos norte-americanos liderando campanhas pelo mundo inteiro. Nos últimos anos juntaram-se às associações transnacionais de consultores políticos várias associações nacionais que confirmam o nascimento de um novo mercado e de uma nova falange de consultores locais: em 2000 nasceu a associação russa (ACPK) seguida, em 2002, pela associação alemã (DEGEPOL) e, em 2005, pela associação italiana (AICOP) e pela associação espanhola (AESCOP). A associação italiana e a alemã seguem o modelo norte-americano e dirigem-se aos profissionais da consultoria política e dos *public affairs*.

A fazer a diferença entre os Estados Unidos e a Europa estão, sobretudo, dois fatores: o tipo de profissionalismo e as modalidades de utilização das competências oferecidas. Em relação a este último fator, as competências podem ser utilizadas segundo uma perspetiva «residual» ou uma perspetiva «estratégica».

Na perspetiva «residual» o especialista é chamado para intervenções limitadas que dizem respeito a partes específicas das campanhas, mais por escrúpulo do que por real convicção. Utilizam-se especialistas (sondagistas, publicitários, especialistas em relações públicas, etc.) para «prestarem serviços circunscritos que, embora forneçam, por vezes, elementos para identificar uma estratégia, não participam nas decisões acerca da sua planificação. É o sujeito que contrata a consultoria quem detém o controlo da campanha eleitoral» [Sampugnaro 2006, 72]. Esta modalidade é típica das campanhas euro-

A CONSULTORIA POLÍTICA   39

peias em que os partidos e os candidatos muito raramente delegam
a consultores externos o controlo e a construção da mensagem.

TABELA 1.1. *Inscritos das principais associações de consultores políticos*

Associações transnacionais e nacionais de consultores políticos	Ano da fundação	Membros (aproximadamente)
International Association of Political Consultants (IAPC)	1968	200
American Association of Political Consultants (AAPC)	1967	1100[*]
Associação Brasileira de Consultores Políticos (ABCOP)	1991	100
Association of Professional Political Consultants (APPC), Reino Unido	1994	65[**]
European Association of Political Consultants (EAPC)	1996	75
Associacion Latinoamericana de Consultores Políticos (ALACOP)	1996	60
Association of (Russian) Political Consulting Centers (ACPK)	2000	40[**]
German Association of Political Consulting (DEGEPOL)	2002	70
Associazione Italiana Consulenti Politici e di Pubblic Affairs (AICOP)	2005	50[***]
Asia Pacific Association of Political Consultants (APAPC)	2005	50
Associacion Española de Consultores Politicos (AESCOP)	2006	20

[*] A estes devem acrescentar-se cerca de 600 inscritos *corporate*.
[**] Só aceita inscrições *corporate* de agências de consultoria.
[***] A AICOP substituiu a AICP, fundada em 1999 e dissolvida em 2003.

Na perspetiva «estratégica», a *expertise* fornecida pelo consultor é um recurso imprescindível para programar as estratégias da campanha eleitoral. O candidato, ao delegar a tomada de decisões fundamentais em um ou mais profissionais, renuncia ou acaba por perder o controlo da campanha. Esta perspetiva é típica das campanhas norte-americanas, as quais, centradas nos candidatos, levam à construção de equipas independentes. Todavia, nos últimos anos os partidos norte-americanos reestruturaram-se, assumindo um papel mais forte no apoio aos candidatos e formando equipas mistas compostas por funcionários e especialistas. Os candidatos continuam em larga medida a utilizar profissionais e assiste-se a um fenómeno chamado «estabilização». Os políticos, assim que são eleitos, transformam a relação com as pessoas que contribuíram para a sua eleição: «de uma consultoria de breve duração e carácter ocasional, ligada à campanha, passam para uma consultoria de longa duração, continuada, que supera o espaço de uma competição» [*ibidem*, 107]. Este fenómeno está ligado à particularidade de um trabalho que leva à construção de uma forte relação de confiança com os candidatos, mais do que com os partidos. Muito frequentemente o próprio grupo de consultores segue o candidato através de várias campanhas eleitorais. A estabilização está ligada à existência de um *perpetual candidate* para o qual ocupar um cargo ou ser eleito noutros organismos se torna um trabalho fixo. É o caso de David Axelrod e de Karl Rove, que seguiram os seus candidatos desde as primeiras campanhas, respetivamente nos estados do Illinois e do Texas, à conquista da Casa Branca e que depois se tornaram membros do *staff* presidencial. Rove, o estratego de George W. Bush, e Axelrod, que liderou a campanha de Barack Obama, tornaram-se ambos *senior advisors* do presidente eleito.

O consultor político é, frequentemente, descrito como um mercenário, mas na realidade na maior parte dos casos também existe uma forte proximidade ideológica. Num mercado como o norte-americano «mais de 80% dos consultores políticos trabalham sempre para clientes pertencentes ao mesmo partido» [Kolodny 2000, 116]. Os consultores da Europa Ocidental tendem, porém, a ter relações mais estritas com as organizações partidárias do que os seus colegas norte-americanos, que se identificam mais com a classe profissional autónoma a que pertencem [Mancini 1999].

A Europa e a Itália, além de terem favorecido o nascimento de profissionalismo externo, também deram vida a experiências de profissionalismo endógeno: no seio dos aparelhos partidários, desenvolveram-se competências cujo campo de interesse princi-

A CONSULTORIA POLÍTICA

pal é precisamente o da comunicação de massa e da campanha eleitoral. Ou então dão-se casos de profissionais externos que progressivamente passam a fazer parte das próprias estruturas partidárias. De um modo geral, são «profissionais da área» com uma história e posição muito próximas das estruturas partidárias com as quais mantêm uma relação de tipo exclusivo. O caso inglês é emblemático: dois funcionários com larguíssima experiência (e conhecimento) no mundo do jornalismo (Alastair Campbell), da comunicação e do empreendedorismo (Peter Mandelson) tornaram-se protagonistas da mudança radical do partido e da estratégia comunicacional que levará ao nascimento do New Labour e à vitória de 1997, com o início da era Blair. Dois funcionários do aparelho partidário que conheciam bem a lógica e as rotinas do mundo da comunicação e que demonstraram a sua capacidade de *spinning* através da difusão de notícias, mas sobretudo de comentários e avaliações destinadas a influenciarem a cobertura jornalística [Mancini 2001]. Mandelson construiu, inclusivamente, uma carreira política, sendo por duas vezes ministro do governo britânico, depois comissário europeu do Comércio e recebendo, por fim, regressado a Londres, o título de Lorde.

Dois exemplos italianos são Paolo Bonaiuti e Stefano Gentiloni. O primeiro, após a carreira de jornalista, tornou-se deputado, porta-voz de Silvio Berlusconi e subsecretário da presidência do Conselho de Ministros. Gentiloni, também jornalista, foi responsável pela comunicação da coligação Margherita e da campanha de Rutelli em 2001, assessor na Câmara Municipal de Roma e ministro para as Comunicações do segundo governo de Romano Prodi.

A própria interação entre partidos e consultores está a sofrer modificações através de um número crescente de competências que são utilizadas diretamente no seio dos partidos e na formação de equipas mistas de especialistas do partido e de agências de consultoria externas: «os partidos nacionais aprenderam que hoje os consultores políticos profissionais são essenciais para as campanhas modernas e que as técnicas que possuem não apenas não destruíram os partidos como, aliás, os reforçaram» [Luntz 1988, 144].

A presença de consultores norte-americanos deu vida a um processo que deveria definir-se mais como «hibridação global» do que como «americanização»: os consultores norte-americanos continuam a ser em número superior, mas são apenas uma parte de uma comunidade global de profissionais, responsáveis pela comunicação dos partidos, jornalistas especializados, especialistas e estudiosos que concorrem para a difusão mundial de técnicas e novas tendências na condução das campanhas eleitorais [Swanson e Mancini 1996]. Um exemplo disto é seguramente a campanha eleitoral de 2006 na Venezuela, que envolveu consultores locais, mas também dos Estados Unidos, do México e de Cuba. Nesse mesmo ano, nas eleições israelitas, Greenberg, Penn e Schoen trabalharam para o candidato do Partido Trabalhista, Amir Peretz; Arthur J. Finkelstein para o candidato do Likud, Benjamin Netanyahu; uma equipa de jovens consultores locais, com experiência anterior como adjuntos em campanhas conduzidas pelos norte-americanos, para o candidato vencedor, Ehud Olmert, líder do Kadima, partido acabado de fundar. Outro exemplo são as eleições inglesas de 2005: o Partido Conservador contratou dois consultores australianos especializados em campanhas eleitorais para lugares marginais, e usou o *software* do Partido Republicano dos Estados Unidos para construir bases de dados úteis para a segmentação dos eleitores. O Partido Trabalhista serviu-se de uma equipa de consultores norte-americanos que trabalhou em conjunto com consultores locais (alguns deles já tinham experiência de campanhas eleitorais no estrangeiro).

Cada vez mais os consultores norte-americanos têm de enfrentar não só os consultores locais, mas também uma nova geração de consultores globais provenientes de outras nações [Plasser 2009]: as eleições de 2006 e 2007 na Ucrânia contaram com a participação de consultores russos; em África há uma forte presença de consultores franceses; na América do Sul, além dos consultores de outros países do continente, atuam também especialistas europeus, sobretudo espanhóis.

Capítulo II
A política orientada para o mercado

*O poder do homem apenas consiste no conhecimento:
o homem pode tanto quanto sabe.*

BACON

Marketing e política não são termos habitualmente associados. Este facto não impediu nas últimas décadas o uso crescente de definições resultantes da comunicação publicitária e do marketing, que levou a comparar partidos e candidatos a verdadeiros produtos.

A própria expressão «marketing político» só recentemente entrou na terminologia científica anglo-saxónica, que durante muito tempo preferiu referências diretas aos vários meios e instrumentos e, sobretudo, à publicidade (*political advertising*) e às estratégias de imagem (*image campaigns*), enquanto, como sublinha Mazzoleni [2004, 146], «para os estudiosos europeus, o conceito e o termo sintetizam o conjunto das técnicas utilizadas nas campanhas eleitorais». Durante muito tempo equiparado à comunicação política – que estuda «a troca e o confronto dos conteúdos de interesse público-político produzidos pelo sistema político, pelo sistema dos meios de comunicação e pelo cidadão-eleitor» [*ibidem*, 29] –, o setor de intervenção e de estudo do marketing político, ao invés, ultrapassa as atividades de comunicação, relações públicas e campanhas eleitorais e ocupa-se de como é criado o «produto» político, ocupa-se do comportamento dos políticos e dos partidos, da sua oferta, e de como esta dá resposta às necessidades e aos desejos dos cidadãos.

1. A terceira era da comunicação política

Nascido do casamento entre o marketing e as ciências políticas, o marketing político exerce de maneira crescente influência sobre o comportamento dos políticos, dos partidos e dos governos, e não simplesmente sobre o modo de comunicar tal comportamento [Lees-Marshment 2009a].

A afirmação do marketing político está ligada a uma nova era da comunicação política ainda aberta e não completamente definida, que alguns estudiosos designaram «terceira era» [Blumer e Kavanagh 1999] e outros «pós-moderna» [Norris 2000; Plasser e Plasser 2002]. Esta nova era, embora apresente alguns elementos em comum com as duas que a antecederam, tem características novas, algumas das quais não sabemos ainda que impacto terão, não apenas na condução das campanhas eleitorais, mas também no funcionamento dos sistemas democráticos. Para compreender melhor as tendências e as modificações em curso na terceira era da comunicação política temos, porém, de recuar um passo e evidenciar as principais características das duas eras anteriores.

A *primeira era* (era pré-moderna), que vai de começos do século XX até ao fim da Segunda Guerra Mundial, caracterizou-se por um eleitorado com comportamento estável, ligado às fraturas sociais e de grupo, enquanto a comunicação se centrava nos partidos e o paradigma dominante era o da lógica partidária. As campanhas eram conduzidas pela liderança partidária e dura-

A POLÍTICA ORIENTADA PARA O MERCADO　45

vam pouco tempo. Os instrumentos predominantes eram a publicidade impressa, cartazes, panfletos e comícios de conteúdo preponderantemente ideológico. A presença de um eleitorado estável conduzia a um voto de «pertença» [Parisi e Pasquino 1977] a forças partidárias que espelhavam identidades sociais baseadas em classes, grupos e associações.

A *segunda era* (era moderna), que começou nos anos 50 e durou até finais da década de 80, vê uma progressiva perda de poder dos partidos sobre o eleitorado, caracterizado por uma volatilidade crescente. Em paralelo com o enfraquecimento da relação entre pertença social e voto, segundo o paradigma da secularização, afirma-se o voto «de opinião» [*ibidem*], que tem em conta os programas e as características pessoais dos candidatos. Para descrever a secularização dos eleitores a bibliografia científica fala de «desfidelização» [Bartolini e D'Alimonte 2002], de «desalinhamento», de «antipolítica» [Marletti 2002] e de distanciamento e desafeição do eleitorado. Isto levou a campanhas eleitorais menos centradas na mobilização das bases do partido e mais centradas, ao invés, na crescente falange de eleitores independentes ou de filiação frágil. O objetivo principal tornava-se persuadir os eleitores «medianos», colocados no centro do espaço político e decisivos para o êxito final [Downs 1957]. O paradigma dominante passou a ser a lógica dos meios de comunicação social e a direção das campanhas passou da gestão interna para consultores e especialistas externos. A necessidade de compreender a lógica dos meios de comunicação levou, de facto, os partidos e os candidatos a procurarem «sujeitos com as competências adequadas para melhorar a presença nos meios de comunicação de massa» [Sampugnaro 2006, 54]. Um meio domina os outros todos: o sistema da comunicação política está centrado na televisão e os meios publicitários dominantes são os anúncios publicitários e os *outdoors*. A duração das campanhas eleitorais alonga-se e, consequentemente, cresce a despesa eleitoral.

Nos anos 90 entramos numa *terceira era* (era pós-moderna), que ainda decorre, mas que já não tem um meio de comunicação social dominante e é caracterizada cada vez mais por um sistema de comunicação política multicanal e multimédia. A televisão, com efeito, embora permaneça o meio de comunicação social principal, tem um papel reduzido e tem de coexistir com outros meios de comunicação: perde peso a televisão generalista e crescem as televisões locais e de nicho, e assumem cada vez mais importância a internet e as atividades de *direct mail*. A par do aumento de canais e alternativas de acesso (cabo, digital, satélite, IPTV), a audiência vai-se fragmentando por muitos canais temáticos. Blumer e Kavanagh [1999] utilizam a este propósito a expressão «diversificação centrífuga», para indicar uma informação e uma propaganda que, do centro para a periferia, alcançam, com uma oferta personalizada, faixas diferentes de eleitores, com o objetivo de maximizar o número de votos. Este facto está a conduzir a uma diversificação das mensagens, que devem ter em conta os múltiplos canais disponíveis e os vários públicos que podem ser alcançados: a comunicação publicitária passa cada vez mais através de meios que permitem uma forte personalização, como a internet, o *telemarketing* e o *direct mailing*. O paradigma dominante das novas campanhas é a lógica de marketing e a sua condução é confiada a unidades e consultores especializados. A duração das campanhas dilatou-se de tal maneira que se fala, agora, de campanhas permanentes [Blumenthal 1980], com despesas associadas que aumentaram exponencialmente. Nos objetivos estratégicos, coexistem a mobilização e a persuasão, as campanhas são orientadas para grupos específicos de eleitores e levadas a convencer as bases frágeis a irem às urnas votar.

A complexidade e a fragmentação crescentes requerem, portanto, a capacidade de ver com novos olhos as mudanças em curso. O próprio Blumer [2009] evidenciou recentemente um possível declínio da mediatização ligado principalmente à multiplicação dos canais e das plataformas e a uma emancipação do público. A multiplicação dos canais poderá dar aos cidadãos maiores possibilidades de escolha (e poder) e enfraquecer os vínculos constritivos entre políticos e jornalistas que prevaleceram até aos dias de hoje:

TABELA 2.1. *Esquema sintetizado das três fases da comunicação política*

Era da comunicação política	Pré-moderna	Moderna	Pós-moderna
Sistema da comunicação política	Centrada nos partidos	Centrada na televisão	Multicanal, multimédia
Estilo de comunicação política dominante	Mensagens partidárias	*Sound bites*, construção da imagem	Fragmentação
Meios de comunicação social	Impressões partidárias, cartazes, publicidade nos jornais, programas radiofónicos	Programas televisivos de informação (Telejornais, debates)	Televisões locais ou de nicho, *direct mail*, email
Meio publicitário predominante	Publicidade impressa, cartazes, panfletos, comícios	*Anúncios televisivos, outdoors*	Anúncios mirados, *telemarketing*, internet
Direção das campanhas	Liderança partidária	Management interno, consultores e especialistas externos	Unidades especializadas e consultores especializados
Paradigma dominante	Lógica de partido	Lógica dos meios de comunicação	Lógica do marketing
Duração	Campanha breve, *ad hoc*	Campanha longa	Campanha permanente
Despesa eleitoral	Contida	Em aumento	Muito elevada
Eleitorado	Comportamento estável ligado às fraturas sociais e de grupo	Erosão da fidelidade-identidade partidária e volatilidade crescente	Comportamento baseado em *issues* e volatilidade

Os políticos continuarão a precisar de passar a sua mensagem nos noticiários dos canais de televisão generalistas, mas poderão ter também oportunidade de apresentar versões mais alargadas daquilo que querem dizer através de outros veículos, tais como as redes de televisão por cabo, os *sites* da internet, os blogues, o YouTube, etc., sem que para isso tenham de levar com a mediação de jornalistas cínicos e sempre prontos a usar as tesouras da edição [*ibidem*, 12].

O aumento dos canais está a transformar um sistema centrípeto – ou seja, «aberto a um espetro limitado de vozes dominantes e orientado para encorajar perspetivas consensuais sobre questões políticas» [*ibidem*, 13] – num sistema centrífugo, dando a possibilidade de um leque mais amplo de sujeitos que se fazem ouvir e são mobilizadores. Estas transformações apresentam, porém, riscos ligados, por um lado, ao aumento da concorrência pela atenção do público e, por outro, à fragmentação do próprio público: as mensagens políticas têm de competir pela atenção dos espectadores com a variedade imensa de outros conteúdos e, em simultâneo, os meios de comunicação *mainstream* poderão reduzir o espaço dedicado à informação política e sentir-se tentados a enfatizar ainda mais a espetacularização dos conteúdos segundo a lógica do *infotainment* e da «política *pop*» [Mazzoleni e Sfardini 2009]. Por fim, a outra face da fragmentação do público (disperso por inúmeros canais) é a da fragmentação da receção.

2. Nascimento e evolução do marketing político

A possível utilidade do marketing também por parte da política foi perspetivada pela primeira vez em 1969 por Kotler e Levy, os quais, num famoso artigo, defenderam que o marketing, até àquele momento confinado às empresas e às organizações comerciais, deveria ser alargado a todas as organizações:

> Todas as organizações são criadas para servir os interesses de grupos específicos: os hospitais para servir os doentes, as escolas para servir os estudantes, os governos para servir os cidadãos, os sindicatos para servir os sindicalizados [...]. O marketing é aquela

A POLÍTICA ORIENTADA PARA O MERCADO

função da organização que consegue manter um contacto cons-tante com os seus consumidores, interpretar-lhes as necessidades, desenvolver produtos que vão ao encontro dessas necessidades e construir um plano de comunicação para exprimir os objetivos da organização [Kotler e Levy 1969, 15].

Mas o que entendemos, então, pelo termo «marketing»? Marketing significa antes de mais examinar um produto em relação a um mercado e determinar como valorizar as suas potencialidades. Ligada ao processo de marketing surge, portanto, a capacidade de responder às necessidades e aos desejos dos clientes através da produção e da introdução de bens e ações que permitam competir com as organizações rivais na conquista de uma porção, mais ou menos grande, da despesa dos consumidores. O mercado político é composto naturalmente pelos eleitores, mas também pelas regras eleitorais, pelos militantes e pelos voluntários, pelos adversários e pelos potenciais aliados, por todos aqueles *stakeholders* que têm interesse no sucesso de um partido ou de um candidato.

O contexto que conduziu à crescente utilização do marketing na política ganhou forma nos anos 60 e está ligado a transformações nos meios de comunicação social, no comportamento de voto, na filiação nos partidos e na participação na vida política [Lees-Marshment 2009a]. Com o progressivo afrouxamento do vínculo entre partidos e cidadãos, que conduz a maior volatilidade eleitoral, os eleitores passam cada vez mais a ser tratados como consumidores [Needham 2003; Lilleker e Scullion 2008] e aumentam as analogias entre o mercado das empresas e o mercado da política. No esquema da figura 2.1. Mark Penn ([8]) compara os termos da

_____

([8]) Mark Penn é um dos *pollsters* mais conhecidos: trabalhou, primeiro, para Bill Clinton e, depois, para Hillary na sua tentativa fracassada de obter a *nomination* presidencial. Em 2006, em Itália, foi o autor da sondagem eleitoral que indicava uma substancial igualdade entre as coligações e que foi usado por Berlusconi como instrumento de campanha eleitoral para inverter o clima de opinião e desmentir as sondagens dos institutos italianos que o davam em clara desvantagem.

competição entre empresas (*corporate battle*) aos de uma campanha política (*political campaign*): a escolha de uma marca ou de um produto pode ser comparada ao voto, a fidelidade a uma marca pode ser comparada à identificação com um partido, a imagem de marca comparada à reputação do candidato, etc. Adotando a terminologia do marketing é possível falar de «produto político» e de marca para identificar partidos e candidatos. Numa aceção circunscrita o produto político pode indicar a «união da plataforma de ideias (o programa) e da imagem pública do político que é apresentado ao seu *target* de referência» [Cattaneo e Zanetto 2003, 60], enquanto no esquema mais amplo elaborado por Lees-Marshment [Lilleker e Lees-Marshment 2005; Lees-Marshment 2009a] se chega ao ponto de incluir a liderança, os eleitos, os militantes, as equipas,

Figura 2.1. *Comparação entre termos que descrevem os vários âmbitos do «desafio entre empresas» e as campanhas eleitorais*

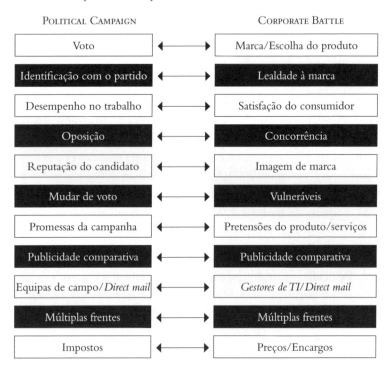

os símbolos, as regras estatutárias, as atividades e as políticas (as políticas propostas e as políticas concretizadas durante o mandato).

O marketing político pode ajudar os partidos e os candidatos a atingirem múltiplos objetivos, começando, obviamente, pelo mais evidente: ganhar eleições. Existem depois objetivos mais específicos: aumentar o número de militantes e o seu envolvimento nas atividades do partido; promover uma determinada ideologia, causa, política pública ou proposta legislativa; influenciar a agenda dos meios de comunicação social e da opinião pública; entrar na coligação de governo; encontrar novos segmentos no mercado político e conquistar o consenso [Lees-Marshment 2009a]. Um marketing eficaz deve ser capaz não apenas de «vender», mas de construir uma relação de longo prazo: antes de propor soluções e prioridades é preciso escutar atentamente o cidadão-eleitor.

O marketing político pode, portanto, ser definido como «um processo sistemático e permanente de análise do mercado político-eleitoral para identificar da melhor maneira a procura em geral ou segmentos dela e portanto para se distinguir dos concorrentes» [Foglio 1999, 30-31]. Ao contrário das primeiras definições de marketing político, que se ressentiam da sobreposição com os processos de comunicação política e se limitavam às campanhas eleitorais, as definições mais recentes incluem aspetos organizativos e relacionais que implicam a fase de governo. Para Lilleker [2007] o marketing político envolve

> tomada de decisões e influência sobre as mesmas, formulação de estratégias e criação de propostas e políticas capazes de satisfazerem as necessidades e os desejos de uma sociedade. Esta última, em troca da sua representação, recebe a satisfação das suas necessidades e desejos.

Trata-se de duas definições que evidenciam a importância do marketing político para compreender profundamente as necessidades do eleitor e desenvolver um conhecimento do sistema competitivo que conduza a uma estratégia eficaz para conquistar e manter o consenso.

O sucesso dos expoentes políticos e dos partidos que utilizam o marketing político resultou no seu uso crescente por parte das forças políticas e dos candidatos concorrentes (nas últimas eleições legislativas italianas de 2008 todos os partidos se serviram, a vários níveis, do marketing político). Todavia, existem fortes diferenças «culturais» entre partidos e países, que fazem pensar em duas possíveis opções na introdução e na evolução do uso do marketing político: uma opção parcial e uma opção global.

A opção parcial está, amiúde, ligada, não à adoção de uma abordagem de marketing, mas simplesmente à introdução de uma série de técnicas do mundo do marketing e da publicidade para tornar os candidatos mais «apetecíveis» aos olhos dos eleitores. A este propósito usa-se frequentemente o termo *packaging*, ligado à «construção» e «venda» do candidato na campanha eleitoral. É uma técnica de marketing que conduz à escolha da melhor «confeção» para atrair os consumidores e levá-los a escolher determinado produto e não outro. A imagem e o modo como se é percecionado tornam-se imprescindíveis:

> na política, uma imagem é criada através das impressões visuais que são comunicadas pela presença física do candidato, pelas suas aparições nos meios de comunicação social, pelas suas experiências e competências como líder político à medida que todas estas informações são recebidas na mente dos cidadãos [Newman 1999, 93].

A aplicação do marketing à política é justificada por uma série de semelhanças dos conceitos (por exemplo, consumidores, segmentação do mercado, *marketing mix*, imagem, fidelidade de marca, produto, posicionamento) e pelos instrumentos (por exemplo, pesquisas de mercado, comunicação, publicidade). Daqui resultou a comparação dos candidatos e partidos políticos a bens de consumo como os dentifrícos ou os sabonetes. E no entanto, as diferenças entre a política e a publicidade ou o marketing de produto são notáveis, desde logo porque os candidatos e os partidos são mais fornecedores de serviços do que de produtos [Newman 1994].

A POLÍTICA ORIENTADA PARA O MERCADO   53

Para Newman, o conceito fundamental no marketing político é o de «troca» (*exchange*), que ocorre através da oferta de liderança política por parte de um candidato em troca do voto. Isto pressupõe que a troca não se limita ao dia das eleições, mas passa através da construção de relações de longo prazo. Os candidatos e os partidos têm de persuadir ativamente os eleitores e não ficar à espera que sejam estes a ligar-se a eles. Devem encontrar os elementos que facilitam a ligação e as pesquisas de mercado podem permitir a descoberta das necessidades e desejos dos eleitores: «na política o produto é uma combinação multifacetada do político, da sua imagem e do programa que propõe e que deve ser promovido e feito chegar aos públicos apropriados» [Newman 1999, 3].

Não basta adotar alguns instrumentos do marketing, portanto, mas é preciso repensar a própria organização e a oferta política para ir ao encontro dos pedidos e exigências dos eleitores. É esta a opção global de adoção do marketing político, que requer uma orientação para o mercado e obriga os partidos e os candidatos a ligarem-se aos eleitores e a assegurarem que a «informação que transmitem – de facto, a mensagem sobre as políticas que querem seguir e as posições que querem tomar – é adequada para satisfazer as necessidades e os desejos dos eleitores, dos consumidores ou, em última análise, a satisfazê-los mais do que qualquer outra alternativa» [Lilleker e Negrine 2006, 36-37]. A satisfação das necessidades dos cidadãos-eleitores e a construção de uma relação duradoura adaptam-se bem ao objetivo de uma campanha permanente, ou seja, «fidelizar o próprio *target* de eleitores e portanto [...] não ter de andar atrás deles durante o período da campanha eleitoral» [Cattaneo e Zanetto 2003, 31]. Quando estão fidelizados os eleitores podem tornar-se os melhores veículos de uma mensagem política e ajudar na conquista de novos eleitores. Em 2004 os responsáveis pela campanha pelo país de George W. Bush eram *opinion leaders* locais, indivíduos com fortes relações sociais capazes de utilizar a sua influência para envolver outras pessoas. Graças a um milhão e quatrocentos mil voluntários a campanha de Bush conseguiu obter mais 11,5 milhões de votos do que nas eleições de 2000. O forte aumento na mobilização permitiu derrotar Kerry, o qual, ao invés, aumentou o consenso em «apenas» 8 milhões de votos. A campanha eleitoral para as presidenciais de 2004 foi um grande exemplo da crescente atenção à mobilização, que nos Estados Unidos está também ligada à capacidade de induzir novos eleitores a registarem-se para votar e, portanto, a alargar a própria base. Nessa ocasião os elementos vencedores na estratégia da mobilização dos republicanos foram a melhor segmentação, que lhes permitiu uma identificação mais precisa dos grupos de eleitores, e o método de mobilização: através da identificação de *opinion leaders* locais a campanha de Bush conseguiu

> usufruir das relações sociais preexistentes – e num certo sentido pré-políticas – dos voluntários para ampliar a abrangência da sua rede territorial. Sobretudo, as associações locais – igrejas, clubes de caçadores, clubes de tiro, grupos de representação de interesses – recebiam grande atenção e, amiúde, forneciam à campanha os endereços dos seus membros para uma comunicação personalizada [Vaccari 2007, 51].

Resumindo, o marketing político pode ser usado pela política principalmente de duas maneiras.

Adotar uma opção parcial significa utilizar instrumentos derivados do marketing para conhecer melhor as expetativas dos eleitores. Marketing e comunicação, neste caso, ajudam a comunicar melhor um produto pré-confecionado, e o uso de instrumentos cognoscitivos fica limitado ao grupo restrito que tem a tarefa de elaborar as estratégias políticas e de campanha eleitoral.

Adotar uma opção global, ao invés, requer uma forte mudança que leve a organização na sua globalidade a «identificar as necessidades e os desejos dos *targets* e a satisfazê-los de maneira mais eficaz e eficiente do que os seus concorrentes» [Kotler 1991, 17]. Esta abordagem prevê a identificação, em primeiro lugar, dos segmentos do eleitorado úteis para a obtenção de um objetivo específico; de seguida, a escolha do posicionamento mais adequado para atrair a sua atenção e conquistar o seu consenso; e, por fim, o desenvolvimento do «produto» para «ser comprado» pelos eleitores. Trata-se de uma inversão de 180º relativamente à abordagem tradicional dos partidos e dos candidatos, que parte da elaboração de propostas e programas em base à própria tradição política e só num segundo momento se preocupa em como comunicá--los. Semelhante abordagem não permite captar com rapidez as mudanças nas necessidades do eleitorado e trata a comunicação como atividade acessória e não estratégica, como uma cereja no topo do bolo e não como ingrediente fundamental.

3. Modelos de marketing político

Em comparação com os estudos dos anos 90 [O'Shaughnessy 1990; Kavanagh 1995], focados em como poderia o marketing político ajudar partidos e candidatos a «venderem-se» melhor, a segunda parte da década caracterizou-se por novos modelos que aplicavam os conceitos de marketing à comunicação política [Newman 1994; 1999; Collins e Butler 2002; Wring 1996; 2002; Lees-Marshment 2001; Scammell 1999].

Newman [1994] e Wring [1996] sublinharam que os «quatro P» do marketing (ver ponto 3.1.) podem ser aplicados à política, enquanto Butler e Collins elaboraram um modelo de posicionamento para partidos e candidatos (que veremos mais adiante). Newman, por outro lado, foi o primeiro a explorar as implicações do marketing no processo de *policy* [1999], enquanto Lees-Marhment [2001] elaborou um esboço de um modelo de estudo do comportamento dos partidos consoante a adoção da perspetiva em função da venda, do produto ou do mercado.

Sublinhe-se que o estudo da política orientada para o marketing reflete a diferença entre campanhas centradas nos candidatos (sobretudo nos Estados Unidos) e campanhas centradas nos partidos (principalmente na Europa). De facto, enquanto a abordagem do americano Newman [1994; 1999] se centra na preparação e desenvolvimento da campanha por parte dos candidatos, a abordagem da estudiosa inglesa Lees-Marshment [Lees-Marshement 2001; Lilleker e Lees-Marshment 2009a] concentra-se nos partidos. Por outro lado, nos últimos anos, novos modelos têm tentado verificar a existência de uma orientação para o mercado (no caso de Ormrod [2005] através do estudo do comportamento dos partidos relativamente aos seus diferentes *stakeholders*), e o campo de pesquisa estendeu-se a novos âmbitos que ultrapassam o âmbito da mera comunicação: produto político e *branding* [Lloyd 2005; Cosgrove 2007], marketing interno [Bannon 2005], *membership marketing* [Granik 2005], estratégia [Barber 2005], marketing político local [Lilleker e Negrine 2006], marketing relacional [Bannon 2005; Ubertaccio 2009] e e-marketing [Jackson 2005].

3.1. *Os modelos de Newman e de Lees-Marshement*

O modelo de Newman descreve os possíveis usos dos instrumentos de marketing por parte dos candidatos. É estruturado segundo o sistema presidencial norte-americano e prevê uma divisão das campanhas em quatro fases: fase das pré-primárias, fase das primárias, fase da convenção e fase das eleições gerais. A abordagem de Newman foi aplicada ao estudo da campanha eleitoral de Bill Clinton de 1992, que através de uma orientação para o mercado conseguiu maximizar a eficácia da mensagem por ter sido «construída em torno das preocupações e desejos dos eleitores e não do candidato». Isto não significa adotar uma abordagem que leva à mentira ou a assumir propostas incoerentes: os candidatos devem ter «uma visão que não vacile perante as reações do público às ideias do candidato ou aos resultados das sondagens» [Newman 1999, 77-85]. Não se trata, portanto, de seguir a opinião pública, mas de a «guiar» na direção das posições próprias: como defende Zaller [1992], a opinião pública, quando não existe um consenso evidente em torno das grandes questões, segue as indicações dos líderes de partido e dos especialistas.

Segundo Newman, Clinton conseguiu obter a máxima eficácia da mensagem graças a uma intensa atividade de *market intelligence* permanente durante as quatro fases da campanha. O modelo de Newman baseia-se na segmentação do mercado (eleitores), no posicionamento do candidato e na realização da estratégia.

A segmentação do mercado obtém-se identificando as necessidades dos eleitores, elaborando o perfil dos eleitores e dividindo-os em segmentos específicos.

O posicionamento acontece através da identificação dos pontos de força e dos pontos de fragilidade do candidato e do adversário, escolhendo os segmentos aos quais dirigir-se (*target segments*) e estabelecendo a imagem a comunicar.

A realização da estratégia, por fim, articula-se nos «quatro P»:

- *product*, em substância, o programa;
- *push marketing*, a campanha no terreno levada a cabo pelos ativistas;
- *pull marketing*, que ocorre através do sistema dos meios de comunicação;
- *polling*, as atividades de pesquisa e as sondagens.

Lees-Marshment identificou três modelos de partido [2009a, 43-49]:

- *product oriented party* (POP/partido orientado para o produto)
- *sales oriented party* (SOP/partido orientado para as vendas)
- *market oriented party* (MOP/partido orientado para o mercado).

A abordagem de partido orientado para o produto (POP) é de tipo mais tradicional: limita-se a apresentar o próprio produto na convicção de que será votado apenas porque a sua argumentação é correta. Não usa o marketing para desenvolver o produto e nem sequer para o comunicar, nem em caso de insucesso.

O partido orientado para as vendas (SOP) mostra-se relutante em modificar o seu produto, todavia utiliza o marketing para identificar os eleitores que poderão ser persuadidos e para procurar «vender-lhes» o partido através das mais modernas técnicas publicitárias e de comunicação. O SOP não modifica as suas posições para ir ao encontro dos desejos dos eleitores. Pelo contrário, tenta encontrar o modo melhor para convencer os eleitores de que aquilo que o partido oferece também é aquilo que eles procuram.

O terceiro modelo de partido, orientado para o mercado (MOP), ao invés, não tenta modificar aquilo que os cidadãos pensam, mas centra-se naquilo que eles precisam e vai ao encontro dos seus desejos. Neste caso, elementos fundamentais são o desenvolvimento do produto e a atividade de *market intelligence* e não a comunicação e as atividades de campanha eleitoral. Nesta abordagem, o processo de marketing passa por oito fases [Lees-Marshment 2001; 2009a].

Na primeira fase (*market intelligence*), o partido procura compreender as exigências dos eleitores através de campanhas em que ouve os seus membros, da criação de grupos de trabalho sobre temáticas específicas e encontros públicos, mas sobretudo através do recurso a sondagens, *focus groups* e técnicas de segmentação.

Na segunda fase (*product design*), prepara-se o produto tendo em conta o que surgiu das atividades de *market intelligence*.

Na terceira fase (*product adjustament*), o produto sofre alguns ajustamentos através da avaliação da capacidade de concretizar as promessas, das reações internas, da análise dos adversários para encontrar elementos de distinção e da identificação de aspetos a desenvolver para atingir segmentos necessários à realização dos objetivos (vencer as eleições, aumentar o consenso, etc.).

A quarta fase (*implementation*) requer a capacidade de a liderança fazer aceitar as modificações, criando unidade no partido e entusiasmo pelo novo produto.

A quinta fase (*communication*) está ligada à comunicação do produto aos eleitores por parte, não apenas do líder, mas de todos os eleitos e de todos os membros do partido.

A sexta fase (*campaign*) é mais propriamente a da campanha eleitoral, que consiste em recordar aos eleitores os aspetos principais e as vantagens do produto.

A POLÍTICA ORIENTADA PARA O MERCADO

FIGURA 2.2. *Lees-Marshment: modelos de partido e fases*

Product Oriented Party	Sales Oriented Party	Market Oriented Party
Fase 1 Product Design	Fase 1 Product Design	Fase 1 Market Intelligence
	Fase 2 Market Intelligence	Fase 2 Product Design
		Fase 3 Product Adjustment
		Fase 4 Implementation
Fase 2 Communication	Fase 3 Communication	Fase 5 Communication
Fase 3 Campaign	Fase 4 Campaign	Fase 6 Campaign
Fase 4 Election	Fase 5 Election	Fase 7 Election
Fase 5 Delivery	Fase 6 Delivery	Fase 8 Delivery

A sétima fase (*election*) diz respeito à capacidade de obter da parte dos eleitores, não apenas votos, mas uma perceção positiva da própria ação, dos líderes, das propostas políticas, da unidade e da fiabilidade do partido.

Na oitava e última fase (*delivery*) o partido procura levar a termo o que prometeu no seu programa.

MARKETING POLÍTICO

Seguindo este modelo, através de um estudo atento das necessidades do cidadão-eleitor os partidos são obrigados a redesenhar a sua marca (*brand*), as suas propostas em termos de políticas (*policies*) e as suas mensagens de maneira a irem ao encontro das exigências do eleitorado. Raramente os partidos seguem a 100% um dos modelos anteriores, embora o segundo modelo (SOP) pareça ser predominante (inclusivamente em Itália). O terceiro modelo (MOP) é mais facilmente adotado por partidos novos ou por partidos que, na sequência de várias derrotas, decidem mudar radicalmente para se apresentarem de maneira nova e credível ao eleitorado. É o caso do Partido Trabalhista inglês, que em quinze anos se transformou, primeiro, num partido orientado para as vendas (1987) e, depois, num partido orientado para o mercado, o New Labour de Tony Blair (1997).

Um exemplo de partido novo que nasce de uma atenta operação de *market intelligence* é seguramente o Forza Italia. O recurso amplo e cuidadoso a pesquisas quantitativas e qualitativas permitiu, com efeito, identificar um considerável espaço de mercado eleitoral deixado vago pelo desaparecimento de partidos históricos como o Democrazia Cristiana e o Partido Socialista e identificar uma estratégia em cinco pontos:

1) O envolvimento das elites intelectuais e empresariais em redor de um «manifesto programático» confiado ao politólogo Giuliano Urbani;
2) Uma campanha de lançamento dos Clubes de Forza Italia;
3) A fundação do Diakron, em outubro de 1993, instituto de pesquisa confiado a Gianni Pilo.
4) A escolha dos candidatos às eleições legislativas delegada a profissionais da área da seleção de pessoal.
5) A planificação de uma campanha de comunicação maciça [Bendicenti 2005, 154-155.]

Pela primeira vez programava-se uma pré-campanha eleitoral que aumentava a expectativa do voto e concentrava a atenção do público no novo partido e no candidato. As pesquisas foram usadas para compreender a fundo as exigências dos eleitores e os resultados da estratégia política.

A atividade de *market intelligence* permite conhecer em profundidade as necessidades e os desejos do eleitorado antes de serem tomadas decisões políticas. Newman (1999) sublinha que vários presidentes dos Estados Unidos modificaram o seu produto na sequência de resultados de *market intelligence*: em 1984, Reagan, para ser reeleito, enfatizou os seus resultados económicos e fez da paz o seu cavalo de batalha; em 1988, Bush fez sua a exigência de não aumentar impostos e a este propósito ficou famosa a sua frase *Read my lips, no new taxes* («Leiam os meus lábios: nenhum novo imposto»), que quatro anos depois foi usada contra ele, mas que naquela ocasião contribuiu para a sua vitória; em 1992, por fim, Clinton centrou a sua mensagem na mudança e na economia.

Não se trata obviamente de descaracterizar um candidato ou de construir partidos de plástico, mas simplesmente de enfatizar ou de modificar aspetos específicos do seu produto. Partidos e candidatos, para alcançarem o máximo apoio, «reposicionam as propostas políticas e a sua imagem em resposta às mudanças nas necessidades e nos desejos dos eleitores seguindo a mesma fórmula de marketing que funciona com as empresas [*ibidem*, 47]. Tal como no ciclo de vida de um produto, os partidos precisam de mudar para evitar o declínio. Podem tentar um reposicionamento trabalhando a perceção dos eleitores sobre eles, renovando o *package* através da modificação do logotipo e das cores, investir em novos espaços do mercado eleitoral através da identificação de segmentos que até ao momento não tinham votado neles, até chegar ao ponto de um *rebranding*, que implica uma transformação radical dos valores a que tradicionalmente estão associados e que habitualmente passa pela mudança de nome ou pela fusão com outras formações políticas.

Aplicando linguagens e metodologias derivadas do marketing e da publicidade é possível transformar o nome de um político (mas ainda melhor o nome de um partido) numa *brand* que tem o poder de evocar não apenas a pessoa (ou a organização), mas também as características positivas e negativas a elas associadas.

4. Candidatos e partidos como *brand*

A *brand*, marca, é um conceito mais amplo do que o de produto: enquanto este tem uma finalidade funcional, a marca oferece algo mais e tem características menos tangíveis e mais ligadas a aspetos psicológicos. Segundo Cosgrove [2007], a marca serve para construir valores duradouros e para instaurar relações de longo prazo entre o produtor e o consumidor. Tem o poder de evocar, na mente e no coração do consumidor, imagens e sentimentos específicos associados a um produto ou a uma organização. A marca, portanto, relaciona-se com «impressões, imagens, atitudes e reconhecimento» [Lees-Marshment 2009a, 111].

A inclusão de elementos identitários de longo prazo e de elementos psicológicos ligados às perceções faz com que as marcas sejam difíceis de medir e de modificar. Existem, todavia, várias características que as tornam úteis, partindo desde logo do facto de agirem como elementos que simplificam a escolha eleitoral [Needham 2005; 2006]: ajudam os eleitores a processar as informações e a sentir-se mais seguros da bondade da sua decisão; podem ser utilizadas para reforçar o sentido de pertença e criar um sentimento de identidade com o partido, os líderes e os candidatos; ajudam os eleitores a identificarem os valores de um partido e a distingui-lo das forças políticas concorrentes.

Através do *branding*, que diz respeito à perceção global de uma organização ou de um expoente político, é possível intervir para ajudar os partidos e candidatos a manterem ou a incrementarem a base de apoio, ou então a manterem ou a modificarem a própria reputação. Em 2005, o Partido Trabalhista inglês decidiu fazer mudanças à marca «Blair» que, chegado ao fim do segundo mandato, mostrava um declínio de popularidade. Para tentar religar Blair ao eleitorado com vista às eleições, foi contratada a agência

A POLÍTICA ORIENTADA PARA O MERCADO 63

Promise [Scammell 2008], a qual, através de estudos e *focus groups*, pôs em evidência que existia uma forte hostilidade em relação a Blair e ao partido (em particular entre as mulheres). O Partido Trabalhista era visto como uma força política que não escutava, que não cumpria as promessas eleitorais e que estava mais atento ao *spin* do que à substância. Além do mais, pesavam sobre o líder, Blair, as escolhas relacionadas com a Guerra no Iraque ([9]). Para lidar com a situação foi desenvolvido um modelo cujo objetivo era ligar o partido à capacidade de cumprir as promessas feitas. Para revitalizar a marca foram identificados quatro objetivos estratégicos: 1) mostrar força e unidade; 2) evidenciar os aspetos positivos, por exemplo, a economia, mostrando a capacidade de levar a cabo intervenções concretas; 3) fazer com que todas as atividades de comunicação fossem *on-brand* (não era suficiente que as mensagens fossem sedutoras, tinham de ser credíveis); 4) dotar a marca de uma personificação própria através do comportamento, comunicação e imagem (a liderança como elemento-chave para o sucesso do religação).

A operação de *branding* teve sucesso e o Partido Trabalhista ganhou as eleições pela terceira vez: em 1997, a estratégia de *branding* foi associada à capacidade de convencer os eleitores de que o New Labour era mesmo novo; em 2001, à capacidade de revigorar a marca e de mostrar dotes de liderança; em 2005 à capacidade de repropor Blair como líder capaz de oferecer respostas em sintonia com os eleitores que haviam votado nele [*ibidem*].

Em Itália, nos últimos vinte anos assistiu-se a uma mudança contínua de nomes e formações políticas. Basta pensar que entre 2006 e 2008 desapareceram os primeiros quatro partidos com mais peso eleitoral, substituídos por duas novas formações políticas: o Partido Democrático, nascido da fusão de dois partidos maiores do velho centro-esquerda (DS, ou Democratici di Sinistra, e Margherita), e o Popolo della Libertà, que juntou as duas maiores forças

---

([9]) R. Lanmaid, *Reconnecting the prime minister*, paper disponível na seguinte ligação: www.promisecorp.com/documents/Reconnecting_the_ Prime_Minister.pdf.

políticas do centro-direita (Forza Italia e os Liberal Democratici de Lamberto Dini). Este facto levou a que desaparecessem dos boletins de voto símbolos famosos e reconhecidos como, por exemplo, o da coligação Ulivo e o de Forza Italia. A demorada transição do sistema partidário italiano, iniciada na segunda metade dos anos 80 com o nascimento da Lega Nord e do PDS, conheceu forte aceleração na sequência do processo «Tangentopoli», que ainda não chegou ao seu termo e pode conduzir ao nascimento de novas formações políticas e a um novo posicionamento das formações políticas atuais. Um processo difícil, como demonstrado pelas dificuldades do PDL e do PD dois anos depois do seu nascimento.

Uma marca, com efeito, é difícil de modificar, pois inclui uma identidade de longo prazo e perceções de carácter psicológico. Por este motivo nem sempre as operações de *branding* têm sucesso. Um caso emblemático é seguramente o de William Hague, líder do Partido Conservador britânico, que após a derrota de 1997 tentou modificar a marca do seu partido. Uma mudança que, mediante uso intensivo de estudos, deveria influenciar a estrutura organizativa e o estilo de comunicação. Na tentativa de modificar a perceção da sua formação política, Hague fez-se fotografar em situações insólitas: no carnaval multicultural de Nothing Hill ou com um boné de beisebol num parque temático. A mensagem queria dizer: «O nosso partido mudou, somos a favor dos jovens e aceitamos estilos de vida não tradicionais», mas os cidadãos pareceram relutantes em acreditar na nova abordagem e, perante uma falta de crescimento na adesão, o projeto foi abandonado a meio [Lees-Marshment 2009a]. Os conservadores tiveram de sofrer novas derrotas e mudar de líder (David Cameron) para chegar a uma nova alteração do posicionamento, que incluiu a mudança da marca e a adoção de uma nova identidade visual.

Tal como um partido, também um político pode ser considerado uma marca. No contacto com os eleitores, que passa pela capacidade de alcançar visibilidade e atenção, é o elemento emocional que prevalece: a imagem do candidato e a sua personalidade (a primeira impressão) constituem o ponto de ligação com os potenciais eleitores. Isto não significa que os conteúdos e as ideias não sejam importantes, pelo contrário, são fundamentais, mas devem ser comunicados na forma de mensagem, e o candidato/político é parte integrante dessa imagem. Por este motivo, um político, tal como um partido, pode ser «tratado» como uma *brand*, uma marca que transmita capacidade política, um estilo, uma visão do mundo [Cacciotto 2006].

Para reforçar a sua marca, um político tem de conseguir aumentar o seu reconhecimento junto do eleitorado em geral e junto dos seus públicos de referência, deve diferenciar-se dos concorrentes valorizando as suas características positivas. Um exemplo neste sentido é seguramente Hillary Clinton. A mulher do ex-presidente dos Estados Unidos Bill Clinton transformou o seu nome numa marca: depois de ter passado anos a preferir acerrimamente o seu apelido de solteira (Rodham) ao do marido (Clinton), em 2000 fez do seu nome (Hillary) o sinal distintivo da sua campanha para o Senado. O uso do nome fazia parte de uma vasta operação de reposicionamento para «amaciar» a sua imagem e torná-la menos fria e menos formal. O reposicionamento não implicou apenas a imagem, mas também envolveu os conteúdos: Hillary várias vezes deixou boquiabertos os seus simpatizantes com tomadas de posição «centristas» com o objetivo de conquistar o americano comum e dar estatura presidencial à sua figura, percecionada como demasiado liberal para ter esperanças de sucesso [*ibidem*]. Na preparação das eleições primárias de 2008 para a escolha do candidato dos Democratas à presidência, Hillary recorreu extensivamente a estudos de mercado para se posicionar relativamente aos temas mais pertinentes para os eleitores (pôr fim à guerra no Iraque, serviço de saúde para todos, revitalizar a economia) e evidenciar as suas melhores características: a experiência, o ser mulher, a atitude bipartidária, a compaixão, a inteligência e a capacidade de trabalhar no duro.

Do mesmo modo, também podemos considerar os líderes políticos italianos como marcas. Por exemplo, a marca «Berlusconi empresário»: em 1994, quando Berlusconi «entrou em cena» usou cuidadosamente a imagem do empresário de sucesso obrigado a envolver-se na dramática situação italiana («É minha obrigação fazê-lo», disse) e que em simultâneo faria bem as coisas graças à sua experiência de empresário («Sei como fazê-lo». A promessa de «um milhão de postos de trabalho» justificava-se pelo facto de ele ter criado milhares nas suas empresas: a marca *Berlusconi empresário* tinha o potencial de alargar os seus valores de referência e as suas características principais também ao mundo da política, falando precisamente de sucesso, de mérito e de capacidade de fazer obra (Cattaneo e Zanetto 2003, 183).

O regresso ao método proporcional e a abolição das preferências não marcam o fim da personalização da política em Itália: a nível nacional permanecerá (e porventura ganha ainda mais importância) a identificação dos partidos com os líderes, enquanto a nível local presidentes de região, presidentes de câmara e candidatos aos vários concelhos continuarão a fazer campanhas fortemente personalizadas.

Em conclusão, independentemente do nível a que se candidata, um político deve responder, à partida, a dois «porquês»: «Porque se candidata?» e «Porque é que alguém deve votar em si?». As respostas servirão para construir a estratégia da campanha eleitoral e a mensagem na base da mesma. Os próximos três capítulos serão dedicados à descrição das atividades de campanha eleitoral e de marketing político segundo o método CDA (Compreender--Decidir-Agir). É uma metodologia de preparação e construção das campanhas eleitorais e campanhas permanentes que se desenrola em três fases: 1) análise atenta dos objetivos, dos atores em campo, das regras e do terreno de jogo (Compreender); 2) definir a estratégia, os públicos e as mensagens adequadas para se alcançar os objetivos (Decidir); 3) implementar uma comunicação criativa, focada e eficaz, seguida de monitorização e verificação dos resultados (Agir).

Capítulo III

Compreender

Conhecendo os outros e conhecendo-se a si próprio, em cem batalhas não se correrão riscos; não conhecendo os outros, mas conhecendo-se a si próprio, ganha-se uma vez e perde--se outra; não conhecendo os outros nem se conhecendo a si próprio, está-se inevitavelmente em perigo a cada confronto.

Sun Tzu, *A arte da guerra*

Uma boa campanha eleitoral baseia-se em alguns pilares fundamentais: uma oferta sólida de conteúdos e de valores, uma coligação fiável e coesa, uma liderança reconhecida e uma grande capacidade operacional. Todos estes elementos devem fazer parte de um plano estratégico que tem o objetivo de «imaginar um cenário realista em que o candidato ganha no dia das eleições e identificar os passos necessários para concretizar essa possibilidade» [Grandi e Vaccari 2007, 19].

O marketing político implica numerosas atividades, mas não pode prescindir da estratégia respeitante ao modo como os candidatos, partidos e governos refletem e preparam planos para atingir os seus objetivos. Uma abordagem estratégica deve incluir muitos fatores como o contexto socioeconómico, cultural e político, o sistema dos meios de comunicação social e os recursos tangíveis e intangíveis.

Na elaboração de uma campanha é útil fazer uma análise cuidadosa do contexto competitivo mediante quatro âmbitos de estudo: 1) *candidate research* (a análise do candidato, mas também do adversário ou dos adversários principais); 2) *voter research* (a análise dos eleitores); 3) *issue research* (a análise das temáticas que podem ser decisivas nas escolhas de voto); 4) *media research* (a análise dos meios de comunicação social, quer como instrumentos, quer como atores no campo das dinâmicas de comunicação e formação da opinião pública).

A atividade de análise e preparação das fases da campanha é, infelizmente, um dos aspetos mais subvalorizados pelos clientes políticos e isto acontece a todos os níveis. E no entanto, uma análise atenta ao sistema competitivo permite otimizar a utilização dos recursos e construir uma campanha eficaz.

1. A necessidade de uma abordagem estratégica

A palavra «estratégia» é uma das mais utilizadas nesta área (embora frequentemente a despropósito): na sua essência mais profunda tem a ver com a compreensão da complexidade e com a sua transformação em simplicidade. Trata-se de uma arte que implica a capacidade de recolher e interpretar informações, de pôr-se na pele do adversário de maneira a tentar prever os comportamentos e influenciá-los. O pensamento estratégico implica «sair-se melhor que o adversário sabendo que este está a tentar fazer exatamente a mesma coisa» [Dixit e Nalebuff; trad. italiana 2010, 8].

O termo «estratégia» deriva do grego *strategòs* (composto por *stratòs* – exército – e *àgein* – conduzir) que, na Grécia Antiga, indicava o responsável pelas campanhas militares em proteção da própria cidade. Do âmbito militar o uso desta palavra estendeu-se aos outros campos da atividade humana nos quais se podem verificar conflitos ou competições: não é exceção o campo da comunicação política, que a partir do termo «campanha eleitoral» faz amplo uso de analogias com a guerra (basta pensar na designação *war room*) ou, em menor medida, com as competições desportivas (por exemplo, em expressões como «entrada em campo» e «a equipa do governo»). Enquanto a «tática» diz respeito às decisões a tomar no dia-a-dia para atingir os objetivos de partida, a «estratégia» intervém a médio-longo prazo e não deveria nunca ser modificada, a não ser que o contexto de partida tenha mudado radicalmente.

Uma campanha eficaz deve ter em simultâneo estratégia e tática: enquanto a primeira define os objetivos, a segunda indica como realizá-los [Grandi e Vaccari 2007]. Na definição dos objetivos devem ser atentamente avaliados o contexto de partida e a possibilidade de o modificar em nosso favor, as jogadas devem ser inseridas com ritmo cronológico, mas também se deve prever as do adversário. Naturalmente, o objetivo mais simples a perspetivar é vencer ou ser eleito, mas uma campanha também pode ser levada a cabo para perder por um bom resultado e lançar as bases de uma consolidação ou de uma vitória futura.

Segundo Facheaux [2009], qualquer campanha eleitoral precisa de quatro estratégias específicas: 1) o posicionamento (que para Facheaux corresponde à mensagem); 2) a sequência das comunicações (a ordem em que a campanha introduz os elementos positivos, comparativos e negativos da sua mensagem); 3) a cronologia e a intensidade (quando realizar as diferentes atividades e com que intensidade); 4) a mobilização/persuasão (a escolha de centrar-se na organização e no envolvimento dos eleitores mais próximos ou nos eleitores indecisos e suscetíveis de serem persuadidos).

A essência da estratégia política reside na capacidade de apresentar o nosso ponto de força em contraposição com o ponto de maior debilidade do adversário.

As mensagens deveriam basear-se nas virtudes e nos defeitos do adversário (a experiência, a competência, a integridade, a compaixão, etc.), nas diferenças ideológicas ligadas aos alinhamentos a que se pertence, nas situações de contexto genéricas como mudança por oposição ao *status quo*, progresso por oposição à estagnação e, por fim, numa combinação de cada uma das três possibilidades anteriores. Por exemplo, a estratégia de Bill Clinton, na sua tentativa de alcançar a confirmação nas eleições presidenciais de 1996, foi a de sublinhar as diferenças entre ele e a oposição republicana em temas que lhe davam vantagem (Saúde, Educação, Ambiente) e esbater as diferenças em temas favoráveis ao partido adversário (Segurança, Impostos, reforma do Estado Social, valores familiares). A estratégia foi implementada mediante a utilização tática de vários instrumentos, como a transmissão de anúncios televisivos de posicionamento em áreas específicas do país (*Gingrich and Dole on Medicare* [10]), uma série de discursos sobre o fim da era do *big government*, propostas legislativas sobre temas específicos (como a reintrodução do uniforme escolar, a luta antitabágica em idade juvenil) e subscrição de leis como a da reforma do Estado Social.

1.1. *O contexto competitivo*

A estratégia é, portanto, a chave de uma campanha. A sua correta implementação revela-se essencial, em especial, na primeira fase de uma campanha eleitoral, com o objetivo de compreender o contexto (o cenário) no qual a própria campanha se vai desenrolar e de utilizar da melhor maneira os recursos e evitar os erros. Uma planificação atenta permite, de facto, esconjurar os passos em falso que o ritmo da campanha pode fazer cometer: não realizar uma série de atividades na sequência correta, esquecer operações que teria sido oportuno executar num determinado momento, não utilizar da melhor maneira as pessoas que se tinha à disposição, etc.

---

(10) O anúncio publicitário pode ser visto no seguinte endereço: <www.youtube.com/watch?v=Zn47AlrkYzQ >.

O ponto de partida para a elaboração de uma estratégia correta é o conhecimento do contexto competitivo e do adversário mediante a recolha do maior número possível de informações para elaborar um plano e uma mensagem coerentes com o contexto de referência. O primeiro passo a dar na preparação de um plano estratégico de marketing político é recolher uma série de dados preliminares sobre: o candidato e os seus adversários; o eleitorado do círculo; o contexto socioeconómico, cultural e político; o sistema de informação; os atores que podem influenciar a obtenção dos objetivos e o resultado final.

Existem depois uma série de fatores que podem influir no resultado de uma competição eleitoral: o clima da opinião, a evolução económica, os indicadores de aprovação da maioria cessante (e da oposição). Numa análise das eleições presidenciais, Thomas Holbrook [1996] defende que os elementos de breve prazo (como, por exemplo, temas, características dos candidatos, acontecimentos da campanha eleitoral) têm menos importância do que fatores mais gerais e de médio prazo (como as condições económicas e o indicador de aprovação das ações do presidente) em determinar o resultado final da competição. Todavia, o facto de a maior parte dos eleitores ter já decidido em quem votar antes do início de uma competição eleitoral não significa que as campanhas não valham a pena (ou valham pouco). Uma campanha conduzida de maneira eficaz pode aumentar a participação no voto (e, portanto, modificar o resultado final) e em competições renhidas pode deslocar os poucos pontos percentuais decisivos para assegurar a vitória final a um dos candidatos.

Aos fatores citados anteriormente deve acrescentar-se, por outro lado, ulteriores elementos que possam influenciar o resultado de uma competição: as regras do jogo, a conjuntura política nacional e local, a consistência das coligações e das alianças, a qualidade das candidaturas e a comunicação política [Feltrin e Fabrizio 2002].

As regras do jogo, ou seja, o sistema eleitoral e as normas que disciplinam a competição, constituem uma barreira prévia e podem modificar o contexto favorecendo diferentes posturas de oferta eleitoral e um diferente comportamento de voto por parte dos eleitores. Do ponto de vista das normas eleitorais, a Itália viveu a partir de 1993 duas fases: a fase do sistema maioritário de colégio e a fase do sistema maioritário de lista [D'Alimonte e Fusaro 2008]. Colégio uninominal, primeiro, e prémio de maioria, depois, favoreceram a formação de um bipolarismo de coligação que, porém, se mostrou imperfeito, não conseguindo impedir a formação de duas alianças muito amplas e pouco coesas. A lei eleitoral italiana introduzida em finais de 2005 conduziu a resultados diferentes nas duas eleições que se desenrolaram segundo as novas regras. Das eleições de 2006 saíram duas coligações muito amplas, com o desaparecimento substancial de terceiras forças, o que levou a que se falasse de uma Itália dividida ao meio [Mannheimer e Natale 2006]. A maioria curta no Senado e a debilidade de uma coligação de centro-esquerda demasiado ampla e litigiosa levaram às eleições antecipadas de 2008. Desta vez, a oferta eleitoral foi sensivelmente diferente e o mesmo se diga do resultado: duas coligações principais — formadas, a primeira, por três listas (Povo da Liberdade, Liga Norte e Movimento pela Autonomia) e a segunda por apenas duas (Partido Democrático e Itália dos Valores) — mais uma série de listas independentes, que se apresentavam sozinhas — as mais importantes: União de Centro, Esquerda Arco-íris, A Direita Chama Tricolor, Partido Socialista). Resultado final: uma clara maioria, tanto na Câmara como no Senado, do centro-direita e uma simplificação da representação parlamentar com a entrada de apenas seis formações políticas (sete, se considerarmos a SVP, Partido Popular Sul-Tirolês) e, entre estas, só uma força política não pertence aos dois polos principais (a UDC, União do Centro, liderada por Pier Ferdinando Casini). Uma utilização da mesma lei eleitoral em termos de oferta política produziu, portanto, dois resultados muito diferentes (em 2006 tinham entrado no Parlamento 13 formações políticas).

Os sistemas eleitorais para as eleições administrativas têm em comum com a lei nacional uma base proporcional com a atribuição de um prémio de maioria à coligação vencedora. A lógica dominante destes sistemas eleitorais consiste em estimular a procura do máximo de agregação de forças no seio das duas maiores coligações: isso acontece porque cada voto, inclusivamente o voto em listas que ficam aquém de uma barreira prevista, resulta de todas as formas um voto útil para o êxito da coligação [Floridia 2008]. Este mecanismo conduziu, porém, à proliferação de microlistas e à formação de listas «pessoais» dos candidatos a presidentes de câmara e a presidentes de região. As distorções que se produzem na vertente da oferta eleitoral têm consequências no comportamento dos eleitores: mecanismos que favorecem uma ampla oferta «induzem os eleitores a empolarem os motivos de dissensão e a procurarem e a encontrarem mais facilmente no boletim de voto a expressão dos mais variados *single issues* [*ibidem*, 87].

A realização de uma espécie de *excursus* sobre as escolhas de voto nas últimas eleições (*tendência eleitoral nacional e local*) serve para tomar importantes decisões estratégicas sobre o tipo de campanha que deverá ser conduzida. A análise das tendências eleitorais (em geral dos últimos dez anos) permite evidenciar elementos importantes como a evolução do consenso nas formações políticas (e nas áreas que representam), a eventual presença de fortes subculturas políticas, o nível de participação e a mobilidade eleitoral e a presença de um comportamento eleitoral diferente entre eleições políticas e administrativas.

Na tentativa de elaborar um modelo preditivo do andamento eleitoral é preciso ter em conta as características distintivas de cada uma das arenas eleitorais [Feltrin e Natale 2007]: as eleições políticas não são, de facto, equiparáveis às eleições administrativas e regionais. Cada eleição caracteriza-se, portanto, por um diferente grau de decisão do voto, modelo de campanha eleitoral e sistema adotado. O voto é decisivo quando é determinante – ou percecionado como tal – para o destino do país ou da própria área territorial de residência (é o caso das eleições políticas ou das eleições municipais). Ao invés, não é decisivo quando diz respeito a níveis de governação tidos como menos relevantes do ponto de vista dos efeitos concretos sobre os cidadãos (é o caso das eleições regionais), ou quando não vai modificar na substância as estruturas governativas (é o caso das eleições europeias, consideradas uma espécie de indicador do estado de espírito dos eleitores em relação ao governo nacional). Segundo este modelo, quanto mais a eleição se aproxima dos extremos «local» e «nacional», mais elevada é a participação. O centro-direita tem o melhor rendimento (devido à elevada mobilização) apenas em desafios decisivos e com uma caracterização político-nacional da campanha eleitoral. A vantagem do centro-direita no que respeita ao carácter decisivo do voto pode ser contrastada pelo centro-esquerda no caso das eleições municipais através da *qualidade das candidaturas* (tanto a presidente da câmara como a vereador): neste caso, «é observável um nível médio-elevado de deserção, causada por uma lógica de voto ligado à pessoa, que induz o segmento eleitoral mais móvel do centro-direita a trair a sua tendência habitual de voto» [*ibidem*, 91]. Sobretudo nas eleições autárquicas, a qualidade das candidaturas a presidente da câmara (e a vereador) pode fazer a diferença: é precisamente nas competições eleitorais locais que se viu nos últimos anos maior mobilidade, com a reviravolta, nalguns casos, dos resultados da competição política.

O tipo de competição eleitoral e o carácter decisivo do voto podem, portanto, suscitar estratégias diferentes. Naturalmente que a melhor das estratégias fica sem efeito perante a rutura da própria coligação. A *consistência das coligações* é fundamental para os resultados de uma competição eleitoral. Por fim, a *comunicação política* (entendida como conjunto de instrumentos utilizados) pode incidir sobre o resultado final ao dar a conhecer de maneira correta o candidato e a sua proposta para tirar vantagem do clima de opinião favorável (ou, se a campanha arrancar com suficiente antecipação, para tentar modificar o clima de opinião e o contexto em próprio favor).

Uma preparação estratégica deve analisar e considerar todos estes fatores, que serão recolhidos num plano escrito englobando os vários aspetos da campanha e uma cronologia precisa dos prazos eleitorais e das várias atividades.

COMPREENDER

1.2. *Os sete colégios da política*

No processo de análise devem inserir-se os *sete colégios da política* [Cattaneo e Zanetto 2003; Cacciotto 2006]: 1) colégio político nacional; 2) colégio político local; 3) colégio eleitoral; 4) colégio de categoria; 5) colégio dos influentes; 6) colégio da concorrência; 7) colégio dos meios de comunicação social.

A importância dos diferentes colégios varia consoante o sistema eleitoral e as probabilidades de vitória. Cada colégio, por outro lado, requer atividades de análise e a adoção de instrumentos específicos.

1. A comunicação de um político eleito deve ser continuada, a de um político que aspira a ser candidato deve arrancar com tempo para assegurar a garantia de um lugar na lista. Para atingir este objetivo, em Itália, assume particular importância o *colégio político nacional*, composto pelas secretarias e pelos líderes nacionais do partido, ou seja, aquele número restrito de pessoas que têm poder de decisão sobre as candidaturas. É de fundamental importância, no que concerne à própria carreira política, estreitar relacionamento com este colégio e fazer um acompanhamento dos atores que dele fazem parte.

2. Em alguns casos, as candidaturas são expressão do *colégio político local*, mas amiúde a decisão final ou o aval de uma candidatura passa pelo colégio político nacional. Obter o apoio dos líderes locais (provinciais e regionais) é importante, mas demonstrar consenso suplementar e estabelecer um contacto direto com quem terá a última palavra pode ser decisivo. Nos Estados Unidos as coisas não se passam assim, pois o mecanismo das eleições primárias desloca o poder de decisão dos líderes partidários para os eleitores e para os meios de comunicação, que são capazes de construir em pouco tempo a notoriedade de qualquer candidato, mesmo que este não tenha seguido o *cursus honorum* da política. Embora tenha havido, nos últimos anos, uma retoma da importância dos partidos, que conseguem colocar à disposição dos candidatos «oficiais» recursos e *know how*, as primárias permitem que candidatos

outsiders – com notoriedade, organização e recursos pessoais – também se possam impor.

3. Isto faz com que o *colégio eleitoral*, composto pelos eleitores, assuma maior relevância, uma vez que é o lugar da disputa para obter a candidatura. E, no caso de um político cessante, para ser reeleito. Em Itália, ao invés, a nova lei eleitoral que reintroduziu o sistema proporcional e as listas fechadas, abolindo as preferências, enfraqueceu ulteriormente a relação entre candidatos/eleitos e colégio eleitoral (circunscrição), que já com os colégios uninominais tinha como protagonistas poucos políticos como real expressão do território, e portanto interessados em manter relacionamentos com vista a novas eleições. O colégio eleitoral requer uma análise atenta do comportamento de voto anterior, das dinâmicas demográficas e socioeconómicas, das prioridades e das intenções de voto. Quanto melhor forem compreendidos os eleitores e o seu comportamento eleitoral, mais eficaz será a campanha eleitoral.

4. O *colégio de categoria* é constituído por associações e grupos organizados. Para um representante político, o facto de fazer parte de uma categoria social com estatuto, influente ou numerosa, ou ter o apoio dela, é um capital importante a gastar no colégio político para obter (o voltar a obter) a candidatura e com o qual contar, no colégio eleitoral, em termos de votos e preferências. Para perceber quais são os sujeitos que mais contam e os sujeitos que mais apoio podem dar, é preciso fazer um mapeamento atento das relações e ser capaz de as gerir [Muzi Falconi 2004].

5. O *colégio dos influentes*, ao invés, é composto por todas aquelas pessoas que são capazes, com o seu apoio (*endorsement*), de conferir autoridade a uma *policy*, força a uma ideia e a uma proposta política, credibilidade a uma candidatura. Trata-se dos *opinion leaders*: diretores de grandes jornais, pessoas famosas do mundo dos meios de comunicação social e do espetáculo, expoentes dos *think tanks* – centros de investigação e do mundo académico e científico. Os membros do colégio dos influentes podem ser úteis de duas maneiras: apoiar diretamente uma proposta política ou um representante político ou então dar credibilidade e legitimidade

COMPREENDER

através da *third party technique* (técnica da terceira parte), por outras palavras, figuras destacadas dos *think tanks*, do mundo associativo e académico participam em debates (na televisão ou na rádio) ou então escrevem editoriais nos jornais defendendo uma certa linha política. Só aparentemente são independentes, pois são financiados por uma das partes em questão. Os meios de comunicação social, porém, apresentam-nos ao público como credíveis e autónomos [Foa 2006].

6. O *colégio da concorrência* é composto pelos concorrentes, que podem ser internos ou externos ao partido. No processo de obtenção da candidatura (ou de cargos e nomeações políticas não eletivas) os concorrentes são internos ao próprio partido ou coligação. No caso de eleições, consoante as regras do jogo e o cargo ao qual se concorre, os adversários podem ser internos (eleições para vereador) ou externos (eleições para presidente de câmara ou presidente). As primárias pressupõem, primeiro, uma competição, interna e, alcançada a vitória, um desafio contra candidatos externos. O nível de concorrência tem influência sobre o montante do investimento necessário em termos de recursos económicos, tempo e profissionais envolvidos. O instrumento típico de análise da concorrência é a *opposition research*, que permite a identificação de pontos frágeis nos adversários e a monitorização constante de declarações e atividades empreendidas.

7. O *colégio dos meios de comunicação social*, por fim, é composto pelo mundo da informação e pelos jornalistas que se ocupam de política. A presença em transmissões televisivas pode dar a um representante político, ou a um potencial candidato, notoriedade imediata (*name recognition*). O mundo da informação e os jornalistas, apesar do crescimento da internet e do grande retorno das atividades *grassroots* e da política «de porta em porta» da última década, representam um importante filtro entre partidos/políticos e cidadãos. A atenção dos meios de comunicação social pode criar temáticas e personalidade, levando-as ao conhecimento da opinião pública e tornando-as objeto de debate público. A desatenção pode, ao invés, condenar ao escondimento as mesmas temáticas

e personalidade através da decisão de que não são notícia. Com efeito, os meios de comunicação social decidem quais os acontecimentos e quais as pessoas sobre as quais se deve falar. Por estes motivos torna-se fundamental a capacidade de alcançar visibilidade e de ter cobertura positiva. O colégio dos meios de comunicação requer um mapeamento atento para se compreender quais são os meios de comunicação mais difundidos no território, qual a sua orientação política, quem são os proprietários e quais os *opinion leaders* reconhecidos e com estatuto que neles intervêm. Para além das visitas às redações e às reuniões individuais é útil uma análise qualitativa e quantitativa da cobertura jornalística.

2. Compreender o candidato

Mesmo quem faz política há muito tempo pode nunca ter feito uma análise de si próprio séria e aprofundada. A personalização da política transformou o candidato num componente essencial da campanha e do processo de decisão por parte dos eleitores: o candidato «encarna» a proposta política e é cada vez mais uma marca.

O ponto de partida para construir o perfil de identidade de um candidato não pode deixar de ser a análise atenta dos pontos fortes e dos pontos fracos: pessoais, profissionais e políticos. E é preciso analisá-los tendo em conta o sistema competitivo em que atua, ou seja, tendo em conta os principais competidores, considerando que consequências podem ter na capacidade de atração do eleitorado. Por mais tentativas e declarações que tenham existido neste sentido, é difícil e arriscado tentar construir um candidato «a régua e esquadro» dotando-o, com base nos resultados das sondagens, das características pessoais e das opiniões políticas mais corretas para alcançar a vitória. É a tática definida pelo *coloring book* [Dye e Ziegler 1989] utilizada, por exemplo, por um consultor político, Patrick Caddell, nas eleições presidenciais norte-americanas de 1984 e 1988. Em 1984, Caddell convenceu o senador democrata Gary Hart de que, nesse ano, o perfil vencedor era o de um senador com cerca de quarenta anos de idade, moderadamente *liberal*, que parecesse independente do seu partido e de interesses particulares, oferecesse novas ideias para a América e soubesse atrair a *baby boom generation* com apelos idealistas ao espírito de sacrifício à maneira de J. F. Kennedy. Hart adotou, sob a orientação de Caddell, a cadência do falar e o modo de gesticular de Kennedy, escondeu a sua idade para fazer apelo a uma *new generation* e anunciou que tinha *new ideas* para a América. A estratégia teve um sucesso extraordinário: do nada Hart começou rapidamente a ser uma ameaça para Mondale na corrida à *nomination* ([11]). Em 1988, Caddell tentou de novo, desta vez com o senador democrata do Delaware Joseph Biden (atual vice-presidente dos Estados Unidos). Com apenas 43 anos de idade, portanto mais novo do que Hart, Biden acreditava firmemente na criação da imagem. Foi assim que chegou ao ponto de se remodelar a si próprio assumindo as características vencedoras: adotou a argumentação, os temas e os discursos de Robert Kennedy. Assumiu o papel de tal forma que usou as tiradas de Robert e John Kennedy. Mas não se limitou a plagiar o pensamento de outros, usou também a história da família do líder do Labour Party inglês, Neil Kinnock, que tinha antepassados mineiros, como se fosse a sua. Este facto afastou a simpatia dos meios de comunicação social, que o submeteram a um escrutínio cada vez maior, evidenciando a sua artificialidade, obrigando-o mesmo a retirar-se. No primeiro caso, foi um escândalo que deteve a ascensão de Hart, no segundo foram os meios de comunicação a descobrir o plágio de Biden e a pôr debaixo de fogo o senador democrata. Em 2004, no dia seguinte ao da derrota de Kerry nas presidenciais, James Carville declarou:

([11]) A ascensão política de Gary Hart foi detida por um escândalo que eclodiu em 1987, quando se preparava para concorrer às primárias do ano seguinte, escândalo ligado a uma infidelidade conjugal, primeiro negada, e depois admitida.

> Creio que conseguiríamos eleger um qualquer ator de Holly-
> wood, desde que tenha uma história para contar; uma história
> que diga às pessoas que país é este e como ele o vê [Salmon 2007;
> trad. it. 2008, 99]

Estas palavras não eram, no entanto, um modo para sugerir que se dotasse os candidatos de características falsas, mas para indicar a necessidade de adotar técnicas de comunicação como o *storytelling* (que veremos no capítulo 6), preparar os candidatos para a exposição mediática e evidenciar-lhe os aspetos melhores de maneira a entrar em sintonia com os eleitores. A ascensão de um político já não pode prescindir de uma forte visibilidade mediática que é, porém, uma lâmina de dois gumes: um campo aberto a milhões de indivíduos expõe continuamente os líderes ao risco de perderem o controlo da própria imagem e, consequentemente, a própria credibilidade. Esta credibilidade é um recurso fundamental que, uma vez perdido, é muito difícil de recuperar [Cacciotto 2006]. Como veremos no capítulo seguinte, às características individuais deve acrescentar-se alguns vínculos estratégicos ligados ao papel de *incumbent* (cessante) ou de *challenger* (desafiante), à decisão das coisas a comunicar (a pessoa ou o projeto) e ao clima de opinião geral (propensão para a mudança).

2.1. *Perfil de identidade e de imagem*

As características pessoais, profissionais e políticas compõem o *perfil de identidade* do candidato. O perfil de identidade é constituído pela junção dos traços negativos e positivos que caracterizam um candidato e que são função do modo como ele quer ser percecionado pelos vários públicos. O perfil torna-se o mínimo denominador comum da comunicação total do candidato, o núcleo da sua identidade política [Pozzi e Rattazzi 1994]. A sua construção é um processo que requer tempo e grande precisão, já que depois não poderá ser facilmente modificado. De um modo geral, passa por três fases: 1) identificação dos elementos fundamentais da per-

COMPREENDER

sonalidade do candidato; 2) elaboração do perfil de personalidade comunicável; 3) avaliação das congruências e da eficácia do próprio perfil (*focus group* e análise da presença nos meios de comunicação social)

Um esquema «clássico» de análise é o esquema a três colunas [*ibidem*; Colarieti e Guarino 2005; Cacciotto 2006] descrito na tabela 3.1., a qual elenca, na forma de adjetivos e substantivos, na primeira coluna, os traços característicos da pessoa (pessoais, profissionais e políticos), na segunda, possíveis leituras negativas dos próprios e, por fim, na terceira coluna, uma síntese das duas anteriores que, valorizando os vários aspetos, vai constituir o perfil de identidade do candidato.

Tabela 3.1. *Esquema de construção do perfil de identidade de um candidato*

Elementos de facto e traços característicos da pessoa, da biografia, da história política e da vida privada do candidato.	Leitura negativa da primeira coluna: como cada traço poderá ser percecionado e interpretado negativamente por outros.	Síntese das duas colunas anteriores: os traços negativos não são eliminados, mas utilizados positivamente como ulteriores traços caracterizantes que conferem ao candidato força e personalidade.
Usar substantivos e adjetivos para descrever..	Modo como o candidato poderá ser atacado pelos adversários políticos sobre os traços da sua pessoa ou da sua biografia ou percecionado negativamente pelos eleitores.	Perfil complexo que o candidato tem de fazer e interiorizar para o exprimir na sua atividade política e na sua vida relacional e nos contactos.

A identificação do perfil de identidade e das caraterísticas a comunicar serve para encontrar os pontos de contacto com os eleitores e para estabelecer um vínculo emocional e uma série de associações positivas ligadas ao candidato. Na tentativa de alcançar visibilidade e atenção prevalece o elemento emocional: no contacto com o público, a imagem do candidato e a sua personalidade (a primeira impressão) constituem o ponto de ligação com os potenciais eleitores.

Isto não quer dizer que os conteúdos e as ideias não sejam importantes, aliás, são fundamentais, mas devem ser comunicados na forma de mensagem e o candidato/homem político é parte integrante dessa mensagem. Não deve portanto surpreender que o carácter dos candidatos seja um elemento relevante nos processos de decisão dos eleitores e na construção das estratégias comunicativas [Grandi e Vaccari 2007]. O sucesso de Reagan ficou ligado mais à sua capacidade de inspirar confiança e de ser credível ao exprimir aquilo em que acreditava do que às suas propostas políticas sobre cada um dos temas: para Wirthlin [2005], as pessoas sentiam-se atraídas por Reagan porque se identificavam com ele, gostavam do facto de ele insistir mais nos valores do que no programa político. Bill Clinton, durante as primárias de 1992, conseguiu salvar a sua carreira política, ameaçada por escândalos de carácter sexual, graças também a uma entrevista que deu ao programa *60 Minutes* da CBS em que tinha a mulher a seu lado: «Reconheço que provoquei sofrimento no meu casamento. Penso que a maior parte dos americanos que nos veem esta noite compreenderá o que estamos a dizer, aperceber-se-á e sentirá que estamos a ser totalmente sinceros» [Westen 2007; trad. it. 2008, 49]. Para Westen, aquela declaração foi sinal de uma grande inteligência emocional e permitiu que milhões de espectadores respeitassem a admissão de uma fragilidade humana, que tinha em comum com metade deles, e reconhecessem que se tratava de um facto privado entre ele e a mulher: «Politicamente, a questão morreu ali». Por este motivo, a capacidade de gerir a própria imagem e a competência em comunicar e entrar em sintonia com os eleitores são elementos fundamentais.

A gestão da imagem está ligada à construção do perfil de identidade e à sua tradução num *perfil de imagem* que traduz em comportamentos, atitudes e sinais visíveis o perfil da personalidade. É, por outras palavras, a sua representação externa, a sua representação para o público que está a ver. A imagem de uma pessoa é constituída pelas perceções dominantes que ela induz noutras [Pozzi e Rattazzi, 72].

Trata-se, noutros termos, da primeira impressão, do primeiro elemento que entra em contacto com o eleitor e que permite formular o primeiro juízo (pense-se nas vezes em que, instintivamente, dizemos que gostamos ou não gostamos de determinada pessoa que acabámos de ver ou ouvir). A imagem não corresponde ao *look* (que constitui uma parte marginal do perfil de imagem, mas diz respeito à personalidade, aos dotes comunicativos, ao carácter, ao estilo, aos comportamentos verbais (o modo de falar, os conteúdos do discurso, a voz e o seu tom, a cadência e os sotaques regionais), os comportamentos não verbais (o olhar, os gestos, as posturas do corpo, o modo de caminhar, de sentar e de comer, o aperto de mão), os sinais de estatuto e prestígio (o ambiente em que o político vive, os contextos onde aparece, as pessoas com quem está, as celebridades que frequenta, os objetos que possui) [Pozzi e Rattazzi 1994; Cacciotto 2006].

Nas eleições presidenciais norte-americanas, a personalidade assume um papel fundamental durante a campanha eleitoral, com os candidatos a gastarem muito do seu tempo a explicarem de que forma as experiências anteriores os tornaram capazes de desempenharem as funções de presidente, e como vão ser capazes de lidar com crises e situações imprevistas. Isto é também resultado do funcionamento dos meios de comunicação social, que tendem a construir estereótipos dos candidatos mais centrados na personalidade do que nos programas [Jamieson e Waldman 2003]. A atenção à personalidade dos políticos e à sua vida privada é dominante não apenas nos países anglo-saxónicos, mas também no continente europeu (basta pensar nas vicissitudes relacionadas com Sarkozy e Carla Bruni ou no divórcio de Berlusconi e no escândalo das acompanhantes de luxo).

A imagem dos líderes políticos faz parte de um triângulo que engloba também a imagem do partido e os *issues* (temas políticos e propostas formuladas a respeito), como no modelo de análise de Worcester [1991], desenvolvido para compreender o processo de decisão dos eleitores que, de uma eleição para a outra, «podem» flutuar na sua escolha de voto. O modelo, denominado precisamente *political triangle*, teve uma primeira versão em 1970 e, depois, foi modificado no decurso da segunda metade dos anos 80, na tentativa de dar um «peso» diferente aos três elementos. A forma triangular serve para medir e visualizar os três fatores que são decisivos na decisão do eleitor (no caso específico, britânico).

Figura 3.1. *O triângulo de Worcester* (political triangle) *nas eleições britânicas de 2010 (base: 1.210 votantes; 19-22 fevereiro de 2010)*

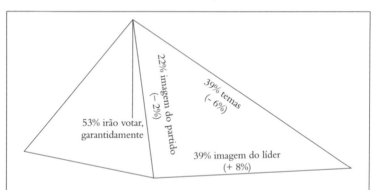

«I want you to think about what it is that most attracted you to the... party. Some people are attracted mainly by the policies of the party, some by the leaders of the party and some because they identify with the party as a whole. If you had a total of ten points to allocate according to how important each of these was to you, how many points would you allocate to the leaders of the party you intend voting for, how many to its policies, and how many to the party as a whole?»

«Peço-lhe que reflita sobre o que o atrai mais no partido... Algumas pessoas sentem-se atraídas pelas propostas programáticas, outras pelo líder e outras identificam-se com o partido na sua globalidade. Dispondo de um total de 10 pontos a distribuir, por ordem de importância, a cada um destes elementos, quantos pontos daria ao líder do partido no qual pretende votar, quantos pontos daria às suas propostas programáticas e quantos ao partido na globalidade?»

Fonte: Ipsos Mori/Observer

Na representação gráfica (ver figura 3.1.), o comprimento de cada lado é proporcional à importância que os eleitores atribuem a cada fator: nas eleições de 2010, a imagem do líder foi pela primeira vez o primeiro fator (ainda que de igual mérito), e com grande diferença, com aumento mais elevado (+ 8%). Nas eleições anteriores, as propostas políticas (*issues*) tinham sempre sido o primeiro fator e entre 1987 e 2005 tinham tido sempre uma vantagem compreendida entre 7 e 14 pontos percentuais em relação à imagem dos líderes. Não por acaso, estas eleições, cujos concorrentes foram Brown, Cameron e Clegg, foram também as mais personalizadas da história britânica. Tendo em conta a diferente importância dos três aspetos, tanto os partidos como os candidatos devem constantemente monitorizar, criar e recriar as suas propostas políticas, a própria imagem e os serviços oferecidos aos cidadãos-eleitores. Entre estes últimos deve prestar-se especial atenção àqueles que podem retirar ou dar o seu apoio. Não esqueçamos que alguns fatores de sucesso do marketing são a diminuição dos eleitores que sentem uma pertença forte, a necessidade de dar bons motivos para votar também aos eleitores que se identificam com o próprio alinhamento/partido e o crescimento da quota de eleitores que não só prestam pouca atenção à política e não se identificam com os partidos, mas chegam a mostrar distanciamento, senão mesmo hostilidade.

3. Compreender os eleitores

As campanhas eleitorais são sempre uma triangulação entre um candidato, o seu adversário e os eleitores. Depois de ter analisado atentamente os candidatos e os seus concorrentes, o passo seguinte diz respeito ao eleitorado a que a campanha se dirigirá. É oportuno perguntarmo-nos, antes de mais, a quem nos estamos a dirigir e quais as instâncias e as problemáticas da população. A análise pode ser efetuada a vários níveis, mas uma dimensão otimizada é a do colégio eleitoral. O uso de dados e de estudos sociodemográficos permitirá subdividir o eleitorado segundo diferentes variáveis: sexo, habilitações literárias, condição social e económica, tipologia de emprego predominante e taxa de desemprego.

Por muito que uma campanha eleitoral possa parecer dirigida a todos os eleitores, na realidade é necessário selecionar atentamente os eleitores que serão decisivos para obter a vitória final e concentrar neles a maior parte das atividades. Para decidir a que eleitores se dirigir durante a campanha eleitoral deve fazer-se uma estimativa dos votos necessários, tanto em termos percentuais como em termos absolutos (com base numa previsão da participação no voto).

Antes da atividade de identificação dos *targets* deve efetuar-se a divisão do eleitorado em partes mais pequenas, aquilo a que se chama *segmentação*. Esta pode ser realizada mediante sondagens ou através do cruzamento de dados de tipo variado (idade, sexo, área de residência, rendimentos, composição familiar, etc.). Existem duas abordagens à segmentação: a abordagem *a priori* e a abordagem *post hoc* [Cwalina, Falkowsky e Newman 2007]. A primeira segmentação obtém-se mediante a identificação de uma série de *clusters* (por exemplo, de natureza demográfica ou com base em características comportamentais) antes da realização do estudo. A segunda abordagem prevê a formação de grupos na sequência do estudo através de técnicas estatísticas para subdividir os respondentes em grupos similares e distingui-los dos outros. Isto conduz a dois níveis de segmentação, definidos como nível primário e nível secundário.

Na *segmentação primária* os eleitores são divididos com base em dois critérios principais: o grau de pertença política (desde uma forte identificação com o alinhamento político e/ou o candidato até a uma identificação frágil ou mesmo à indecisão de voto) e o momento da decisão de voto (antes do começo da campanha eleitoral, durante a campanha, os últimos dias de campanha).

A *segmentação secundária* tem por base uma série de variáveis, que são principalmente de tipo geográfico, sociodemográfico, comportamental e psicológico.

Potencialmente, existem infinitas possibilidades de segmentação de um mercado, mas um segmento deve ser sempre mensurável, acessível, consistente, estável e único [Baker 2000]. A segmentação permite, portanto, decompor os eleitores em grupos que podem ir desde o mais simples − por exemplo, «todos os eleitores do Partido X» − até versões mais complexas como, por exemplo, «todas as mulheres que vivem num determinado círculo eleitoral onde prevalecem famílias de rendimentos médio-altos e em que 25% dos adultos são licenciados».

3.1. *Segmentação por comportamento/intenção de voto*

Se olharmos para o comportamento passado ou para as intenções de voto, existem habitualmente três tipos de eleitores: os que tencionam votar num determinado candidato/partido, os que tencionam votar noutro candidato/partido e os indecisos [Malchow 2003]. Esta subdivisão pode ser complicada dividindo os eleitores também com base no nível da decisão de voto (voto em X seguramente ou provavelmente) e à propensão para ir votar (seguramente, provavelmente, indeciso quanto a ir às urnas). Como veremos mais adiante e no próximo capítulo, uma propensão diferente conduz necessariamente a diferentes objetivos estratégicos e de comunicação.

Seguindo o critério do comportamento/intenções de voto e da propensão para ir às urnas podemos dividir, por exemplo, os eleitores em três macrocategorias que têm, por sua vez, subclassificações: votam no próprio partido/candidato (eleitores sólidos, eleitores orientados); incertos (incertos verdadeiros, potenciais traidores); voto no candidato/partido contrário (sólidos, orientados).

Os eleitores sólidos representam aquilo que outrora se designava «núcleo duro»: estão decididos a ir votar e também sabem em quem. Os eleitores orientados são, por seu lado, eleitores que jamais votariam no partido/candidato adversário, mas que precisam de ser persuadidos a ir às urnas. Pagnoncelli [Pagnoncelli e

Vannucci 2006] define estes eleitores como «críticos», pois têm uma limitada propensão para o voto e exprimem todos os aspetos da desilusão: perplexidade, desconfiança, falta de vontade, desinteresse. Os verdadeiros incertos não são os eleitores que não declaram o seu voto, mas aqueles que consideram a possibilidade de votar em candidatos ou partidos que pertencem a alinhamentos contrários. Do grupo destes fazem parte também os traidores, ou seja, os eleitores que declaram intenção de voto (ou probabilidade de o fazer) num candidato/partido pertencente a um alinhamento político contrário às posições e/ou escolhas de votos anteriores. Pagnoncelli [*ibidem*] introduz uma distinção no grupo dos incertos entre eleitores em dúvida e eleitores indecisos: os primeiros exprimem dúvidas sobre a eventualidade de irem votar, enquanto os segundos têm a certeza de que vão votar, mas estão indecisos quanto ao partido/candidato em que vão votar.

Desta primeira subdivisão dos eleitores fazem parte, portanto, duas dimensões: a participação na votação (sim, não, talvez) e a decisão de voto (tomada ou não tomada). Para realizar estas primeiras avaliações são úteis as sondagens que ajudem a medir a especificidade de cada grupo, mas também a analisar os resultados anteriores para fazer uma estimativa: do número de votos que serão expressos nas eleições; de quantos votos são esperados (a média dos resultados dos candidatos do mesmo partido em eleições anteriores que sejam comparáveis com a eleição em curso) e de quantos são necessários para ganhar as eleições; da dimensão dos eleitores passíveis de serem persuadidos (quanta volatilidade eleitoral houve no passado) [Broadshaw 2004]. A base é constituída pelo número de votos que o candidato receberia se não conseguisse convencer nenhum dos indecisos (por norma o pior resultado nas eleições anteriores).

Das dimensões dos grupos acima descritos resultam escolhas estratégicas diferentes: mobilização da própria base eleitoral, persuasão dos incertos, conversão da base dos adversários. Por exemplo, no caso de situações de forte assimetria nas dimensões dos grupos, os eleitores privilegiados na estratégia de comunicação são em primeiro lugar os eleitores do próprio eleitorado e, em segundo lugar, os incertos. Foi o que aconteceu em Itália, segundo Pagnoncelli [Pagnoncelli e Vannucci 2006], nas eleições políticas de 2006, quando os estudos mostravam, a poucas semanas das eleições, um centro-esquerda que tinha atingido plenamente o seu eleitorado potencial e que só poderia ampliar a sua base se conquistasse os indecisos. A reviravolta do centro-direita e a vitória renhida é explicada pelo facto de

> o centro-direita ter aproveitado melhor as suas reservas potenciais de consenso (os indecisos e os críticos), atraindo todos os votos que podia obter em prejuízo do centro-esquerda [...] a queda drástica da vantagem do centro-esquerda ocorrida nos derradeiros dois/três meses ficou a dever-se por completo à passagem de eleitores das categorias dos indecisos para a base eleitoral do centro-direita, enquanto o número de eleitores a favor do centro-esquerda permanecia constante [Pagnoncelli e Vannucci 2006, 41-42].

A melhor participação relativamente às previsões e a melhor capacidade de conquistar os indecisos (cujo perfil estava mais em sintonia com o eleitorado do centro-direita) explicaram o resultado final. E no entanto, não devemos esquecer que nas eleições de 2006 o centro-esquerda alcançou o seu melhor resultado de sempre, com pouco mais de 19 milhões de votos (mais 2 milhões e meio de votos comparativamente ao recorde anterior alcançado nas eleições políticas de 2001). Um esforço enorme de mobilização que, em muitos comentários pós-eleitorais, foi desvalorizado, pois a base de partida da análise não foi o eleitorado histórico, mas as sondagens dos últimos meses antes do dia da votação.

3.2. *Segmentação segundo as motivações de voto*

A classificação dos eleitores unicamente segundo as intenções não permite, porém, analisar as motivações com base nas escolhas de voto. Antonio Valente [Amadori e Valente 2006] propôs um modelo de decomposição do universo eleitoral em categorias culturais/ideológicas: voto sólido, voto racional e voto de impulso.

O *voto sólido* compreende o voto ideológico (ligado à pertença cultural e ideológica do século passado) e o voto de pertença (resultante da adesão a grupos de interesse). Trata-se de um voto militante e consolidado, dificilmente sujeito a mutações e que está ligado à adesão a sistemas de pensamento e à partilha de valores, projetos e objetivos de um bloco social bem definido.

O *voto racional* pode ser antidependente ou de interesse. O voto antidependente é ditado pela desilusão com os partidos ou coligações anteriormente votadas. Do ponto de vista temporal, é um tipo de orientação que se forma entre os doze e os seis meses antes do voto. O voto de interesse é tipicamente um voto de opinião em que assumem especial importância a análise dos programas dos partidos e a avaliação dos líderes em campo.

Por fim, o *voto de impulso* pode ser o voto *last minute* ou o voto de urna. No primeiro caso, a escolha está ligada ao partido ou à coligação que menos descontentamento gera no eleitor (ou menos pior ou, usando a expressão de Montanelli, «votar tapando o nariz»), a elementos visuais como o reconhecimento dos logotipos, às estratégias de comunicação que lhe tentaram chamar a atenção. É um comportamento que se consolida nos últimos dez dias antes da votação, tal como o voto de câmara, ligado a acontecimentos contingentes.

Na classificação de Valente também conta a avaliação da ação e das propostas programáticas: na fase de análise deve indagar-se o sistema de valores dos eleitores, a sua relação com as principais temáticas e a imagem de fundo que eles têm da política e dos seus atores. Em particular, pode ser útil um indicador definido *issue ownership* [Craig 2009] que serve para compreender sobre que temáticas é importante basear a campanha eleitoral e a comunicação com os eleitores. Os temas estão frequentemente associados ao candidato/alinhamento político considerado mais capaz de os enfrentar. Uma campanha centrada mais num tema do que noutro pode dar vantagem decisiva a um candidato relativamente ao seu rival.

COMPREENDER

Se tomarmos como exemplo as eleições presidenciais norte-americanas de 2008, notamos que 61% dos eleitores já tinham decidido em quem votar antes do fim do verão, e esta percentagem aumentou para 76% antes do derradeiro mês de campanha ([12]). No último mês do desafio entre Obama e McCain, cerca de 24% dos eleitores ainda não tinham decidido e na ponta final da última semana a percentagem tinha descido para 11%. Era portanto decisivo perceber qual dos dois candidatos tinha o *issue ownership* sobre os temas mais sentidos pelos leitores e quais poderiam ser as mensagens determinantes para os indecisos. Obama prevalecia nos temas económicos e sociais (ver fig. 3.2.), enquanto McCain levava vantagem nos temas ligados à segurança.

Se olharmos para os eleitores definidos como *late deciders*, ou seja, que decidiram o seu voto na derradeira semana de campanha, as três razões principais para votarem em Obama foram a retirada do Iraque, a redução dos impostos e um sistema de saúde de custos acessíveis, enquanto as preocupações e os motivos para não votarem nele estavam sobretudo ligadas à inexperiência e ao possível aumento de despesa pública. Explica-se assim o anúncio de 30 minutos que foi para o ar a poucos dias da votação em praticamente todos os principais canais e destinado a mostrar um candidato com postura presidencial e a tranquilizar os norte-americanos sobre a bondade das propostas que pretendiam melhorar a vida da classe média.

Em conclusão, as indicações quantitativas obtidas identificando o número de votos necessários, analisando o sistema de valores, os temas e os problemas mais sentidos, e dividindo os eleitores em grupos com base na propensão para o voto e às preferências políticas, são fundamentais para elaborar uma estratégia eleitoral que preveja target específicos e um posicionamento eficaz.

([12]) Fonte: *The change election awaiting change*, Greenberg Quinlan Rosner Research, 12 de novembro de 2008 (disponível no seguinte endereço: www.greenbergresearch.com/).

FIGURA 3.2. *Issue ownership*

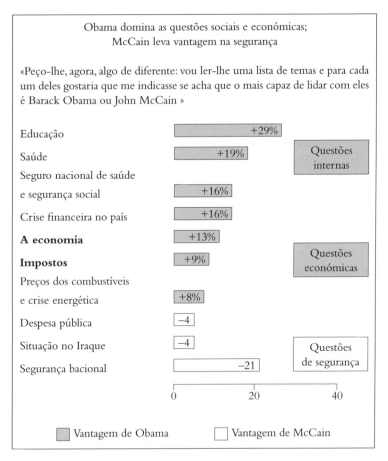

Fonte: Greenberg Quinlan Rosner Research, 12 de novembro de 2008.

4. Os instrumentos de *market research*

A sondagem tornou-se o instrumento mais utilizado por candidatos e partidos para tentarem compreender o que o «mercado eleitoral» pretende deles. Utilizadas nos Estados Unidos já nos anos 30, as sondagens afirmaram-se em Itália apenas recentemente. Foram decisivos dois fatores: a difusão do telefone nos lares italianos (com a consequente introdução de metodologias tecnicamente avançadas, como as entrevistas CATI [13]) e a «entrada em campo» de Silvio Berlusconi. Desde o surgimento de Berlusconi na cena política que se assistiu em Itália a um crescente recurso às sondagens. Nos dois meses anteriores às eleições políticas e administrativas de 2008 foram publicadas quase 200 sondagens relativas à tendência de voto dos eleitores. Um número que pode ascender a uma estimativa de cerca de mil sondagens político-eleitorais, se acrescentarmos as que foram efetuadas nas últimas duas semanas de campanha (que não podem ser tornadas públicas) e as reservadas [Natale 2009]. Um mercado que, em Itália, vale quase 19 milhões de euros e que ascende a 24 milhões tendo em conta os estudos encomendados pela administração pública ([14]) [Pagnoncelli 2009]. Do total dos estudos, as sondagens do setor público representam 4,8% do total, enquanto a nível internacional, segundo os dados ESOMAR, valem 8% de um total de 2,3 mil milhões de euros. Os dados, porém, variam muito de país para país: se considerarmos os primeiros seis países no ranking mundial dos estudos de mercado, as percentagens vão desde os 2% da Alemanha aos 4% da França, aos 5% da Itália e do Japão, aos 7% dos EUA até aos 15% da Grã-Bretanha.

Os estudos de opinião tornam-se um instrumento importante se conseguirem ajudar a compreender profundamente o estado de espírito do eleitorado: sensibilidade, orientações, juízos, valores, necessidades e procura. Para tal existem várias ferramentas de *market research*, mas antes de mais é preciso distinguir os estudos tendo em conta o objetivo que se pretende alcançar e o seu carácter quantitativo ou qualitativo.

([13]) As entrevistas CATI (*Computer Assisted Telephone Interview*) são entrevistas telefónicas em que o entrevistador lê as perguntas ao entrevistado e regista as respostas num computador através de um *software* específico.

([14]) Os dados referem-se a 2007 e à faturação dos institutos aderentes à ASSIRM, que reúne 48 empresas e representa cerca de 80% do mercado.

Em relação ao objetivo existem duas possibilidades principais e, consequentemente, dois tipos de sondagens: sondagens de tipo *cognoscitivo* e sondagens de tipo *preditivo* [Natale 2009]. Ao primeiro tipo pertence a maior parte das sondagens, ou seja, as que têm a finalidade de estudar a fundo um fenómeno. As sondagens cognoscitivas servem para identificar níveis de conhecimento, graus de satisfação, estilos de vida, motivações, tendências de voto e por aí adiante. O segundo tipo, ao invés, procura prever os desenvolvimentos de um fenómeno, ou seja, prever o comportamento da população em geral ou do *target* de referência num futuro próximo. Um exemplo clássico de sondagem preditiva é a que procura estimar a percentagem de voto de um candidato ou de um partido em futuras eleições. Uma sondagem pré-eleitoral pode, portanto, ter um objetivo cognoscitivo identificando as tendências atuais de voto (compreendendo também a quota de indecisos, que pode ser significativa), mas também um objetivo preditivo, procurando prever os comportamentos de voto futuros dos indecisos e dos não respondentes.

A segunda distinção é entre estudos de tipo *quantitativo* e de tipo *qualitativo*. Os primeiros são usados para medir aspetos específicos através da utilização de uma amostra representativa do universo a testar (por exemplo, a população, mas também uma categoria social). Os questionários raramente utilizam perguntas abertas e o resultado que se obtém está mais ligado à quantificação de um fenómeno do que à sua compreensão. As entrevistas telefónicas são as mais frequentes, mas têm-se difundido outras tipologias ligadas às novas tecnologias (sondagens e questionários através da Internet, PDA e telemóveis). As sondagens quantitativas podem ser de cenário (ou de *benchmarking*), de *tracking* e de *quick response* (ou de *follow-up*) [Rademacher e Tuchfarber 1999; Cacciotto 2006]

A *sondagem de cenário* (ou de *benchmarking*) tem o objetivo de avaliar as possibilidades de várias candidaturas potenciais e de fornecer indicações úteis para a concretização da campanha eleitoral. Habitualmente engloba a análise dos temas e das prioridades para os eleitores em geral e divididos por sexo, idade, habilitações lite-

COMPREENDER

rárias, voto (anterior e intenções) e posicionamento. Não esquecer que o candidato não falará a todos e uma vez identificados os seus eleitores será preciso estudar atentamente as diferenças entre os vários segmentos eleitorais. Um problema que no conjunto do eleitorado pode parecer importante, por exemplo, poderá, ao invés, resultar de menor relevância, relativamente a outros, para os eleitores de quem se quer conquistar o consenso.

As *sondagens de tracking* são compostas por uma série cadenciada de inquéritos para identificar flutuações nas opiniões e nas intenções de voto dos eleitores no decurso de uma campanha. Utiliza-se uma amostra rotativa que permite renovar diariamente (ou, pelo menos, semanalmente) uma parte da própria amostra, para não se ficar vinculado aos resultados obtidos a partir de um único inquérito. Estas sondagens podem também servir para focar aspetos específicos, como um determinado tema. Mais do que almejar uma previsão exata das intenções de voto, as *tracking polls* permitem identificar tendências de breve prazo e servem para manter sob controlo o apoio ao candidato/partido ou para identificar um *issue*. Trata-se, portanto, de uma ferramenta que permite «ajustar» uma mensagem de campanha, descobrir se um acontecimento enfraqueceu o candidato ou o adversário e, por fim, identificar as variações no número de indecisos e na orientação de voto.

A *sondagem de quick response* (ou de *follow-up*) realiza-se em simultâneo ou imediatamente a seguir a acontecimentos ou transmissões televisivas para medir a reação do eleitorado. Sarkozy, durante a campanha eleitoral de 2007, fez uso deste tipo de sondagens e de *panel online* para compreender em que condições os eleitores poderiam largar ou apoiar os vários candidatos eleitorais e para testar as reações aos seus desempenhos televisivos e radiofónicos [Teinturier 2008]. No dia do voto, designam-se *in-house-polls* ou *instant polls*, que implicam uma entrevista telefónica, após as secções de voto estarem abertas (no dia ou nos dias dedicados às votações), a quem já votou.

Existem outras técnicas utilizadas para aprofundar aspetos específicos e verificar as reações dos eleitores a transmissões, anúncios e outros materiais de comunicação. Trata-se das *pesquisas qualitativas* que permitem captar aspetos «latentes» da situação na qual intervém o candidato. Este tipo de pesquisas permite mais compreender do que quantificar, ou seja, permite analisar em profundidade e incluir valores, crenças, comportamentos e fatores de influência na formação das opiniões. Baseada nas interações diretas entre entrevistador e os sujeitos a estudar, esta pesquisa é de tipo aberto e menos estruturado comparativamente às entrevistas quantitativas e permite produzir material narrativo. As principais ferramentas deste tipo de estudos são o *focus group*, mas também as entrevistas individuais e a *dial meter analysis*.

Os *focus groups* são conversas lideradas por um moderador profissional e reservadas a pequenos grupos (habitualmente compostos por um mínimo de 8 pessoas e um máximo de 12). Têm o objetivo de aprofundar temáticas ou testar mensagens e campanhas, e de compreender a avaliação «profunda» relativamente aos partidos e expoentes políticos. A grande vantagem dos *focus groups* é que permitem fazer emergir indicações explícitas e, por vezes, implícitas da interação entre participantes: o moderador orienta a discussão, mas deixa aos sujeitos alguma liberdade de confronto entre si e de aprofundamento dos temas tratados. Os *focus groups* permitem compreender por que razões um líder ou um partido político perderam consenso e desenvolver uma estratégia para recuperar ou aumentar os votos no futuro. São, amiúde, utilizados para avaliar as reações do público a anúncios e a mensagens de campanha eleitoral: são mostrados ao grupo, que é convidado a discutir e a dar um *feedback* imediato. Todavia, a discussão e a avaliação são, muitas vezes, influenciadas pela presença dos outros membros do grupo, que podem levar a que as pessoas se exprimam de maneira diferente defendendo posições socialmente desejáveis por medo de serem sancionadas pelo grupo. Para ultrapassar este problema os anúncios podem ser mostrados em situações em que os entrevistados estão sozinhos e têm depois a possibilidade de discutir com o entrevistador ou de exprimir um parecer/avaliação. Em 1996, por exemplo, «os consultores da campanha de Clinton

COMPREENDER

prepararam quiosques em centros comerciais onde os transeuntes eram convidados a ver várias versões de um anúncio e a responder a uma breve série de perguntas» [Vaccari 2007, 57]. A internet é cada vez mais utilizada com este objetivo, permitindo o visionamento e a compilação de um breve questionário num contexto semelhante ao do visionamento de um anúncio televisivo ou de uma transmissão política.

A *dial meter analysis*, que tem ampla difusão na publicidade comercial, consiste em mostrar uma transmissão televisiva a um grupo de pessoas (habitualmente cerca de cinquenta) equipadas com um pequeno telecomando que permite medir em tempo real o grau de apreço para com as posturas ou declarações de representantes políticos.

Quando são bem utilizadas as pesquisas podem fornecer indicações importantes, mas desde que lhes seja dado uso correto: em Itália, praticamente cada sondagem contém uma pergunta sobre as intenções de voto que, amiúde, se torna o elemento principal para o cliente, enquanto as pesquisas deviam ser utilizadas principalmente com o objetivo de identificar os eleitores decisivos para vencer (*target*) e de compreender o que poderia fazê-los votar num candidato/partido ou no outro. As sondagens tornaram-se imprescindíveis para o marketing político, mas não podem substituir a capacidade dos líderes políticos de fazerem escolhas baseadas em princípios e com uma perspetiva de médio-longo prazo. A abordagem correta poderia ser a de Napolitan [1972] quando afirma: «Jamais conduziria uma campanha eleitoral sem fazer sondagens adequadas de opinião, mas também jamais me fiaria completamente nos seus resultados».

Capítulo IV

Decidir

Tudo está em perceber a situação, não em combater.

César, *De bello gallo*

Analisado o contexto competitivo, o próximo passo é tomar as decisões estratégicas que vão constituir o núcleo da campanha eleitoral. Qualquer plano de campanha deverá conter, além dos resultados da análise preliminar do contexto competitivo, a identificação dos temas e das mensagens (o que dizer) que caracterizam o candidato ou o partido/alinhamento, o estilo comunicativo (como dizê-lo), o *targeting* do eleitorado (a quem e onde dizê-lo), um plano de acontecimentos e uma programação cronológica precisa das várias fases e atividades da campanha. Este último aspeto não deve ser desvalorizado, uma vez que a escolha dos momentos é uma componente fundamental da estratégia: usar uma ferramenta demasiado cedo ou demasiado tarde pode inutilizar o seu impacto. Uma campanha eleitoral é, com efeito, uma realidade dinâmica: é necessário antecipar os acontecimentos e as suas possíveis consequências. Não se deve cometer o erro de dar por adquirido que o que funcionou até ao momento vai continuar a funcionar [Gould 1999].

Da segunda fase do Método CDA – Decidir – faz parte a definição da estratégia que passa pela avaliação das alternativas estratégicas e organizativas, pela segmentação eleitoral, pela escolha das mensagens e dos instrumentos e pela definição do posicionamento.

1. Definir a estratégia

O objetivo da estratégia é criar as condições ambientais que consintam a vitória eleitoral. Como vimos no capítulo anterior, é preciso partir necessariamente do conhecimento aprofundado do contexto inicial, mas este deve ser visto como variável a modificar e não como constante a aceitar.

No caso de condições de partida vantajosas será necessário pensar em como mantê-las até ao dia da votação; no caso de condições desvantajosas é preciso imaginar o que fazer para que o dia da votação seja semelhante ao melhor dia para uma vitória. Nos Estados Unidos, no dia seguinte à clara derrota de Kerry, o Partido Democrata viu-se perante a necessidade de fazer escolhas estratégicas para criar as condições necessárias à vitória nas eleições presidenciais quatro anos mais tarde. Howard Dean, nomeado novo secretário do partido, propôs uma nova estratégia denominada «Estratégia dos 50 Estados» (*The 50 States Strategy*): ao invés de concentrar recursos e esforços apenas nos Estados com hipóteses de vitória (*swing states*), o partido devia apontar para a vitória em todos os Estados da nação. Para alcançar este objetivo era necessário um esforço sem precedentes para construir uma presença organizativa em cada colégio eleitoral (*precinct*), recolher fundos a nível local, encontrar novos candidatos e modificar o programa político do partido tornando-o mais coerente e conciso. A estratégia foi criticada por vários consultores e, entre eles, por Paul Begala e James Carville. Este, na sequência da vitória histórica das eleições intercalares de 2006 que permitiu aos Democratas assumirem o controlo da Câmara e do Senado, declarou que teria sido possível conquistar mais mandatos com um plano tradicional que previsse concentrar a despesa eleitoral apenas nos desafios em aberto. Todavia, dificilmente se pode negar que a estratégia de Howard Dean não tenha sido fundamental para permitir que, dois anos mais tarde, Barack Obama se tivesse tornado competitivo em estados tradicionalmente «vermelhos» ([15]) e vencer no Indiana, na Carolina do Norte e na Virgínia, considerados baluartes republicanos ([16]).

Também no caso de uma vantagem inicial é boa regra evitar o imobilismo e tentar prever as jogadas do adversário para ser capaz de responder com rapidez. Não foi isto que se passou, em Itália, com a União em 2006. Após a clara afirmação nas eleições regionais de 2005 e com a cumplicidade das sondagens que lhe atribuíam uma vantagem de 5-8 pontos, o centro-esquerda convenceu-se de que bastava uma estratégia de contenção: o objetivo era não provocar o eleitorado adversário através de uma campanha tranquilizadora e de tom pacato. A estratégia de Berlusconi, ao invés, concentrou-se na remobilização do seu eleitorado através de uma forte presença televisiva (a partir do mês de janeiro de 2006 Berlusconi apareceu 32 vezes em três meses) e do uso de cenografias e de gracejos durante os eventos de campanha para conquistar visibilidade nos meios de comunicação social. Na parte final da campanha, Berlusconi orientou a comunicação para o tema dos impostos, enquanto Prodi e a sua coligação foram lentos e contraditórios nas respostas: quando atacados sobre onde iriam buscar dinheiro para reduzir a carga fiscal, primeiro afirmaram que iriam

---

([15]) Os estados que são tradicionalmente ganhos pelos Republicanos são definidos «estados vermelhos» (*red States*), enquanto os estados ganhos pelos Democratas são chamados «Estados azuis» (*blue States*).

([16]) É curioso notar que a estratégia dos 50 estados foi adotada por Arnold Vinick, candidato à presidência na sétima temporada da série televisiva americana *West Wing*.

taxar as receitas financeiras, depois que iriam retomar o imposto sucessório, mas de cada vez indicando diferentes limiares patrimoniais. O resultado foi o de amedrontar uma parte considerável do eleitorado e de reativar o *frame* «União = Partido dos Impostos».

A elaboração do pensamento estratégico e a realização dos objetivos de modificação do contexto inicial precisam de tempo e por isso é necessário ter um horizonte de médio prazo: «Os obstáculos devem ser removidos, neutralizados ou transformados em pontos de força. As vantagens do presente devem ser acentuadas e tornadas mais relevantes no futuro. Novas oportunidades devem ser identificadas e postas a render» [Grandi e Vaccari 2007, 19]. A ofensiva sobre os impostos foi habitualmente a parte final de uma estratégia que começou precisamente com a modificação das regras do jogo e, portanto, do contexto competitivo: a nova lei eleitoral reduzia, de facto, a vantagem que o centro-esquerda sempre tivera no voto maioritário (de coligação) relativamente ao voto nos partidos (sistema proporcional), eliminava do boletim o símbolo de coligação e anulava o papel dos candidatos nos colégios e, consequentemente, o peso dos territórios, deslocando a campanha para um desafio nacional entre dois concorrentes conduzido através da televisão.

Das condições iniciais (vantagem ou desvantagem) fazem parte uma série de vínculos ligados ao papel (cessante, desafiador, delfim), às características do candidato e dos seus adversários, às escolhas de comunicação (comunicar a pessoa ou o projeto) e ao clima de opinião geral (propensão para a mudança). A relevância destes fatores é, de todas as maneiras, fortemente influenciada pelas decisões estratégicas dos candidatos e pelas atividades de comunicação que conseguem operacionalizar em campo.

Independentemente do nível a que se candidata, um político deve responder antes de mais a dois «porquês»: «Porque se candidata?»; «Porque deverão votar em si?». As respostas servirão para construir a estratégia de campanha eleitoral e a mensagem central da mesma. Frequentemente, a resposta ao primeiro porquê por parte de um candidato cessante (*incumbent*) está ligada à vontade de prosseguir o trabalho começado durante o primeiro mandato. Um presidente de câmara cessante, de facto, tem um balanço a apresentar e a eleição transforma-se facilmente num referendo à sua obra. Dificilmente pode vencer se a maioria dos eleitores não apreciar o seu mandato: o balanço daquilo que fez (e não fez) torna-se um dos temas centrais da campanha para convencer os eleitores a confirmar o voto ou a escolher uma mudança. O nível de aprovação torna-se, assim, um dos «parâmetros» de previsão do resultado final de uma competição eleitoral: raramente candidatos cessantes com um índice de aprovação superior a 60% perdem.

Por outro lado, o candidato cessante tem à sua disposição recursos materiais e simbólicos com que os adversários não podem contar e que representam uma vantagem considerável ([17]). O candidato cessante pode fazer valer a sua notoriedade, que representa a primeira vantagem estratégica e resulta da elevada visibilidade que o cargo político implica ([18]): «O papel de líder simbólico da comunidade (Presidente de Câmara ou Presidente de todos) pode permitir-lhe proteger-se da luta política invocando noções universais como a pátria, a responsabilidade, o bem comum [*ibidem*, 22]. Nos Estados Unidos fala-se de *Rose Garden Strategy* ([19]) quando o Presidente decide levar a campanha eleitoral aos lugares institucionais (tornados acessíveis através dos meios de comunicação social) para sublinhar o seu papel de representante do interesse comum e a capacidade de alcançar resultados concretos ao contrário do seu adversário, que representa interesses de apenas uma parte e só é capaz de dizer não e de fazer promessas. A isto pode acrescentar-se que o *incumbent* tem o tempo do seu lado: enquanto o partido

---

([17]) A Itália representa uma exceção: desde 1994, ano de transformação em sentido maioritário das eleições nacionais, o candidato cessante (ou representante da coligação cessante) nunca ganhou.

([18]) Em Itália, quem goza de grande visibilidade/notoriedade são o Presidente do Conselho, os Presidentes de Câmara e os Presidentes de Região, enquanto os Presidentes de Província raramente são conhecidos.

([19]) O jardim das rosas é uma das zonas mais coreográficas da Casa Branca.

ou a coligação desafiadora estão envolvidos na escolha do candidato (amiúde, através de uma dura batalha eleitoral), quem está em funções pode planear a campanha para a reeleição com grande antecedência (os mais competentes começam no dia seguinte ao da primeira eleição).

O desafiador (*challenger*), que habitualmente é menos conhecido do que o cessante, tem como primeiro objetivo a conquista da notoriedade e, por isso, deverá seguir três boas regras: 1) ter um começo incisivo; 2) traçar uma diferença clara relativamente ao adversário; 3) definir-se antes de ser definido. As hipóteses do desafiador serão maiores quando existe uma necessidade difusa de mudança e ele consegue interpretá-la. Se não conseguir convencer os eleitores, entre um «mal que conhecem» e outro que não conhecem, habitualmente, estes vão preferir o primeiro [20]. Enquanto o cessante deve comunicar e defender os seus resultados de governo e os aspetos já conhecidos da sua personalidade, um desafiador deve concretizar em simultâneo dois objetivos: 1) convencer os eleitores de que os resultados do governo são insatisfatórios ou que as suas prioridades estão erradas; 2) apresentar-se como alternativa credível para substituir o *incumbent*. Ao tentar alcançar estes objetivos o desafiador pode ser ajudado ou dificultado pela propensão dos eleitores para a mudança ou para a escolha de candidatos/partidos que representam «o novo». A propensão para a mudança é habitualmente um indicador muito válido para predizer o vencedor de umas eleições: quanto mais alto for o índice, maiores são as probabilidades que seja o desafiador a ganhar. Como indica a tabela 4.1., as eleições presidenciais norte-americanas sempre se disputaram no contexto *change/same* [mudança/igual], que favoreceu, de vez em vez, o candidato cessante ou o candidato desafiador.

Ser já conhecido dos eleitores, quer como pessoa quer como político, pode representar, portanto, uma vantagem ou uma des-

---

[20] Os anglo-saxónicos usam a este propósito a expressão: «É melhor o diabo que conheces» (*Better the devil you know*).

vantagem competitiva. A notoriedade é, amiúde, considerada essencial na escolha de um candidato, mas o que mais conta é avaliar se o candidato tem ou não as características certas para atrair a confiança dos eleitores naquele determinado momento. Tendo em conta o julgamento sobre a obra feita, o clima de opinião geral e o nível de propensão para a mudança, a estratégia pode mudar consideravelmente.

TABELA 4.1. *Eleições presidenciais norte-americanas: o que representavam os vencedores e a sua mensagem (apresentação de Jordan Lieberman no Compa 2008)*

Ano	Vencedor	*Change* vs. *Same*	Mensagem
1976	Carter	Mudança	Franqueza
1980	Reagan	Mudança	Poder
1984	Reagan	Igual	Mais do mesmo
1988	Bush	Igual	Continuar o legado
1992	Clinton	Mudança	É a economia
1996	Clinton	Igual	Ponte para o século XXI
2000	Bush	Mudança	Honra e integridade
2004	Bush	Igual	Segurança
2008	Obama	Mudança	Mudança

O esquema «cessante contra desafiador» não está sempre presente e definido de maneira clara: nalguns casos é o «delfim» de um cessante que não se pode recandidatar (nas eleições presidenciais norte-americanas é, habitualmente, o vice-presidente); noutros casos, ambos os candidatos são novos e não estão diretamente relacionados com a administração anterior. É o caso das últimas eleições presidenciais nos Estados Unidos em que ambos os candidatos defenderam a ideia de mudança e o republicano John McCain tentou descolar do Presidente cessante George W. Bush. Algumas vezes, pelo contrário, o candidato novo nasce de uma escolha precisa, porque o cessante é impopular ou porque se considera necessário um candidato diferente para vencer. Foi o caso de Francesco Rutelli, que em 2001 substituiu Giuliano Amato na sequência dos resultados de alguns estudos que o indicavam como mais adequado para desafiar Berlusconi [21].

Também não podemos esquecer que, embora os candidatos tenham o seu valor, o alinhamento político e o partido representam uma base de partida e um «vínculo». Os partidos fornecem, com efeito, atalhos informativos que permitem aos eleitores fazerem uma ideia geral das várias posições políticas e das características dos candidatos. A maior parte dos eleitores avalia candidatos e propostas, mas tende a votar no mesmo partido (fidelidade à coligação). Já o voto de pertença é uma «fidelidade ligeira» [Natale 2002], que tem de ser continuamente confirmada e que, sobretudo nas eleições administrativas, pode também ser «traída».

Considerados estes vínculos de pertença, os primeiros dois dilemas estratégicos estão ligados às escolhas de representar a continuidade ou a descontinuidade (um candidato cessante pode escolher fortes elementos de descontinuidade como no caso de McCain), e de orientar a comunicação sobre a pessoa ou sobre o projeto. No primeiro caso decide-se sublinhar as características do candidato, no segundo caso sublinha-se a ideia de cidade ou de nação.

1.1. *O posicionamento*

Quem já tem experiência administrativa sabe bem quão frustrante é (pode inclusivamente prenunciar derrota eleitoral) não conseguir colmatar o fosso entre o que foi feito e aquilo que os cidadãos conhecem. Por exemplo, ter conseguido implementar serviços de apoio a idosos pode servir de pouco se tais serviços permanecerem desconhecidos ou inutilizados [Cacciotto 2006]. Trata-se, em substância, de não se limitar a fazer coisas (e a fazê-las

---

[21] Fora uma legislatura muito «turbulenta» para o centro-esquerda, que havia iniciado com Prodi como primeiro-ministro, depois substituído por D'Alema, por sua vez substituído por Amato. O resultado final foi uma vitória do candidato da oposição, Silvio Berlusconi.

bem), mas também de as dar a conhecer (e da maneira mais oportuna para atingir os resultados desejados). Para atingir este objetivo é necessário ultrapassar o ruído de fundo e o bombardeamento de informação a que cada cidadão está atualmente sujeito. De maneira crescente, a atenção é o verdadeiro recurso escasso para quem faz comunicação política. Por este motivo é necessário encontrar uma «posição», um «espaço» livre no mercado eleitoral ou, melhor, na mente dos eleitores.

O termo «posicionamento» foi introduzido por Al Ries e Jack Trout, que escreveram em 1973 uma série de artigos intitulada *The Positioning Era* para a revista *Advertising Age*. Para Ries e Trout, numa sociedade sobrecarregada de mensagens (*overcommunicated*) como a nossa, a única maneira de fazer chegar e aceitar o próprio produto é concentrar-se num *target* específico ao qual enviar uma mensagem «hiper-simplificada», de «manipular» aquilo que já está na mente das pessoas, ao invés de criar algo novo e diferente. A comunicação do posicionamento, veiculada pelos meios de comunicação, requer uma simplificação da complexidade social. Posicionar significa, de facto, «definir opções possíveis claramente identificáveis e delimitadas» [Mancini 1988, 25].

Segundo o consultor político Marvin Chernoff, estamos na era do posicionamento (*positioning era*), caracterizada pela tentativa de fazer emergir a especificidade do candidato e do seu programa em relação aos concorrentes através da utilização cuidadosa dos meios de comunicação social [Mancini 1988]. Trata-se da terceira fase do progressivo processo de modernização das campanhas eleitorais, antecedida pela era do produto (*product era*) e pela era da imagem (*image era*). A primeira pode ser colocada no período imediatamente a seguir à Segunda Guerra Mundial e caracterizava-se principalmente pela tentativa de evidenciar as características positivas do programa (o produto) e as promessas que o candidato era capaz de fazer. A segunda fase, que teve início nos anos 60, intervinha fundamentalmente nas componentes motivacionais das propostas do candidato e das perceções dos eleitores. A desejabilidade da imagem era o ponto focal de todas as escolhas comunicativas.

Na era do posicionamento é preciso ter necessariamente uma posição baseada não apenas nos próprios pontos de força e de fraqueza, mas também nos dos concorrentes. Partidos e candidatos podem assumir quatro diferentes tipologias de posicionamento [Collins e Butler 1996, 2002]: 1) *leader*; 2) *challenger*; 3) *follower*; 4) *nicher*.

O *leader* é a coligação ou o partido que tem o maior número de consensos eleitorais, o candidato que concorre pelo partido/ /coligação que obteve o maior número de votos nas eleições anteriores ou é creditado no primeiro lugar pelas sondagens pré-eleitorais. Como se dirige a uma ampla plateia de eleitores pode ter de comunicar com públicos de interesses contraditórios; deve, portanto, conseguir encontrar uma mensagem unificadora para uma coligação necessariamente transversal. O líder está sujeito a frequentes ataques por parte dos outros atores presentes no mercado eleitoral (em primeiro lugar, o desafiador).

O *challenger* é o candidato ou partido que tem maiores possibilidades de ameaçar a posição do líder. Numa situação semelhante à do líder, tem de demonstrar que é superior ou diferente para atrair novas quotas de eleitores. Normalmente a sua estratégia implica o ataque ao líder, que é descrito de maneira negativa. Para aumentar a sua quota de mercado deve ser capaz de identificar novas temáticas emergentes e apropriar-se delas.

O *follower* é o candidato ou partido que «copia» o comportamento do líder e do desafiador, tentando o mais possível confundir-se através da homologação ao posicionamento dos concorrentes que o antecedem. Os *followers* são, frequentemente, fortes a nível local.

O *nicher*, por fim, concentra todos os seus esforços num nicho de eleitores específico, retalhando os seus programas e a própria imagem com base nas expetativas específicas do *target* escolhido.

Nos sistemas maioritários ou bipolares, o líder e o desafiador são expressão dos dois principais partidos ou das duas principais coligações e são os únicos que têm reais possibilidades de vitória final.

O posicionamento implica duas operações distintas: a identificação dos *targets* a que se dirigir e a atribuição de características únicas e realmente distintivas ao produto político. As propostas políticas do partido/candidato devem ser recortadas dos temas que o eleitorado julga mais importantes e prioritários, além de coerentes com os valores propugnados e com o que se disse e fez no passado: «O posicionamento deve, portanto, responder a uma lógica de compromisso entre a opinião pública do eleitorado-alvo e os valores preferidos do candidato» [Cattaneo e Zanetto 2003, 143]. Segundo Bannon [2004], existem cinco fatores fundamentais para um posicionamento vencedor: deve ser claro, coerente, credível, competitivo (oferecer algo que os outros não têm) e comunicável.

Em conclusão, o posicionamento é um processo dinâmico, que requer uma capacidade de adaptação e mudanças do contexto, do sistema de valores e das prioridades dos eleitores. Ninguém pode limitar-se a defender o próprio posicionamento, é necessário procurar expandir o eleitorado para depois o consolidar. A expansão para englobar novos *targets* pode ocorrer recorrendo a elementos emotivos (imagem do candidato, apelo aos valores), ou, então, a elementos mais racionais (programa e posição sobre cada um dos temas). A expansão deve ser conduzida atentamente para evitar perder os próprios eleitores na tentativa de alargar a base eleitoral. Em Itália, um claro exemplo disso mesmo foi o Partido Democrata (PD), criado para superar a mera soma dos Democratas de Esquerda (DE) e da coligação Margherita com o objetivo de se tornar o primeiro partido italiano a conquistar os eleitores moderados. O PD, ao invés, acabou por absorver os partidos à sua esquerda (fenómeno já ocorrido aquando da coligação Ulivo) perdendo, assim, os eleitores «centristas» pertencentes à Margherita. Não só o PD que sai das eleições de 2008 é «um partido mais à esquerda do que a soma do DE e da Margherita» [D'Alimonte 2008, 25], como também sofre uma «hemorragia de não votos […] e cede votos ao centro-direita por uns relevantes 2,5% de eleitorado» [De Sio 2008, 67]. Com vista a um novo posicionamento, o PD vai encontrar-se nas circunstâncias de procurar, primeiro, uma consolidação da sua nova base eleitoral, mas depois não pode deixar de apontar para uma expansão para novos *targets* (para além da recuperação dos eleitores perdidos «pelo caminho» com o nascimento da nova formação política) e uma nova política de alianças.

2. Escolher os públicos

Como vimos no capítulo anterior, cada plano de campanha não pode prescindir do cálculo dos «números necessários para vencer». O passo seguinte é dividir o eleitorado em grupos com determinadas características (segmentação) e, entre estes, identificar aqueles que podem levar à vitória (grupos *target*). Graças à segmentação, o estratego da campanha pode melhorar a eficácia da comunicação e poupar recursos a utilizar noutras atividades da competição eleitoral. Pense-se, por exemplo, no *mailing*: em vez de expedir para todos os eleitores, sem distinção, um número fixo de materiais estandardizados, a segmentação e o *targeting* permitem, por um lado, personalizar os conteúdos e, por outro, enviar materiais unicamente (ou em maior medida) aos grupos de eleitores considerados decisivos.

O *targeting* é, com efeito, o processo de determinação dos eleitores necessários para alcançar a vitória da maneira mais eficiente possível e tem três dimensões de medida: eficiência (*efficiency*), cobertura (*coverage*) e confiança estatística (*confidence*) [Malchow 2003]. O tipo de eleitores necessários para alcançar a vitória varia e resulta das relações de força (percentagem de eleitores alinhados em diferentes coligações/candidatos e quota de indecisos). Para Malchow [*ibidem*] há dois tipos principais de *targeting*: 1) *supporter targeting*, centrado nos eleitores que já apoiam o partido ou o candidato, mas que têm de ser convencidos a votar; 2) *persuasion targeting*, centrado nos eleitores necessários à vitória, que habitualmente são os indecisos.

Uma vez determinados quantos e quais eleitores são necessários, é preciso construir uma estratégia para chegar até eles. Alguns

DECIDIR

públicos são mais fáceis de alcançar, outros mais difíceis. Por este motivo deve fazer-se uma classificação para avaliar e dar prioridade aos vários grupos *target*. Bannon [2004] indica a seguinte escala: 1) *primary targets*, ou seja, segmentos considerados mais interessantes para a oferta política e mais sensíveis aos estímulos da comunicação; 2) *secondary targets*, ou seja, segmentos menos interessantes para a oferta política, mas sensíveis aos estímulos da comunicação; 3) *relationship building*, ou seja, segmentos interessantes, mas mais difíceis de alcançar; 4) *wasteland segments*, ou seja, segmentos pouco interessados e dificilmente alcançáveis.

Para Newman e Sheth [1987], podem ser utilizadas quatro diferentes estratégias para cada um dos grupos *target*: 1) *reinforcement* (reforço); 2) *rationalization* (racionalização); 3) *inducement* (incentivo); 4) *confrontation* (confronto).

A estratégia de reforço dirige-se aos eleitores que já apoiam o candidato/partido; o objetivo da campanha de comunicação é consolidar a sua escolha, que se baseia nas razões certas.

A estratégia de racionalização visa quem já é apoiante, mas pelas razões erradas; o objetivo é relacionar-se com ele de maneira diferente.

A estratégia de incentivo é aplicada a quem apoia pelas razões certas outro candidato/partido; neste caso, procura-se mostrar que a nossa oferta é não só alinhada com aquilo que é desejado pelo grupo *target*, mas oferece algo mais.

Por fim, a estratégia do confronto é dirigida a quem apoia os adversários pelas razões erradas, como, por exemplo, no caso do voto tático.

Partindo da distinção de Malchow [2003] entre *supporter targeting* e *persuasion targeting*, pode-se afirmar que os que tencionam votar no seu candidato se dividem em «eleitores seguros» (já decidiram que vão votar) e «eleitores que precisam de ser mobilizados» (por motivos vários poderiam abster-se de votar no dia da votação); os «eleitores indecisos», pelo contrário, podem ser divididos em «indecisos verdadeiros» (não sabem em quem votar e poderiam votar em vários candidatos), «potenciais abstencionistas» e «potenciais "traidores"» (posicionam-se num determinado alinhamento mas poderiam votar no candidato do alinhamento oposto).

Para cada uma das categorias de eleitores existem objetivos claros. Para os eleitores que tencionam votar no seu candidato o objetivo é manter o seu apoio e fazer com que vão votar; para os eleitores indecisos o objetivo é convencê-los a votar no nosso candidato; para os eleitores intencionados em votar nos adversários, por fim, o objetivo é convencê-los a mudar de ideias (ou pelo menos a absterem-se). O primeiro objetivo é o mais simples: trata-se de reforçar as convicções e fornecer as justas motivações para fazer com que estes eleitores vão votar. O segundo objetivo é de dificuldade média: é preciso persuadir os eleitores incertos a irem votar e a escolherem o nosso candidato e não os adversários. O terceiro objetivo é o mais difícil de todos: convencer um eleitor que está a fazer a escolha errada e que é melhor mudar a favor do nosso candidato (ou ficar em casa no dia das eleições).

O objetivo da estratégia eleitoral é encontrar o caminho que melhor facilite a vitória. Raramente os eleitores da primeira categoria superam os 50% e é possível simplesmente mobilizá-los para vencer as eleições, sem a preocupação de convencer os eleitores indecisos e os eleitores «adversários». Como vimos, além disto é preciso ter em conta o fator tempo: nem todos os eleitores chegam a uma decisão ao mesmo tempo e uma parte fá-lo ainda antes do início da campanha eleitoral. Nas eleições presidenciais norte--americanas de 2008, 61% dos eleitores já se tinham decidido antes do fim das eleições primárias (marcadas pelas *convention* de verão dos dois partidos) [22]; em Itália nas últimas três eleições a fidelidade ao partido e à coligação oscilou entre os 70,1% e os 72,6%, com uma percentagem de eleitores móveis entre os alinhamentos, que oscilou entre os 8,4% e os 9,1% [De Sio 2008].

---

[22] Dados tirados do relatório de estudo *The change election awaiting change*, Greenberg Quinlan Rosner research, 7 de novembro de 2008 (disponível no seguinte endereço: www.greenbergresearch.com)

DECIDIR 113

2.1. *Objetivos de comunicação*

Considerando que é muito difícil convencer os eleitores que se identificam com o alinhamento adversário a votar no nosso candidato (a história das últimas eleições em Itália demonstra que isso pode acontecer em medida considerável só nas eleições municipais), existem, porém, como vimos, duas categorias de eleitores cujo comportamento eleitoral pode ser modificado por uma campanha: os eleitores *persuadíveis* e os eleitores *mobilizáveis*. Os primeiros, por norma, votam e são indecisos; os segundos, ao invés, estão dispostos a apoiar o nosso candidato, mas provavelmente não votariam sem estar motivados a fazê-lo. Estas duas categorias requerem diferentes objetivos de comunicação: nas campanhas de persuasão a mensagem diz respeito ao candidato ou ao partido; nas campanhas de mobilização a mensagem diz respeito ao eleitor que se tenta convencer.

Campanhas de persuasão. Existem diferentes «qualidades» que podem persuadir um eleitor indeciso a votar num candidato/ /partido, algumas das quais respondem às perguntas: «Está do meu lado?», «Defende os meus valores ou quer apenas vencer?», «Oferece uma liderança forte e eficaz?», «Tem uma visão para o futuro da minha cidade/país?». Na escolha do voto contam, portanto, confiança, valores e identidade. Não se trata quase nunca de uma temática ou de um problema. Nas eleições presidenciais norte--americanas de 2000, por exemplo, todas as sondagens mostravam uma percentagem de eleitores de acordo com as posições de Al Gore claramente superior à daqueles que viriam a votar nele. A escolha final dos eleitores não está simplesmente ligada à proximidade racional relativamente às posições sobre cada um dos temas, mas implica uma ligação emocional que o adversário de Gore, George W. Bush, soube alcançar em medida sensivelmente maior, descrevendo, em simultâneo, o adversário como «um intelectual sem emoções» e a si próprio como um tipo normal que se interessa realmente pelas pessoas; por exemplo, afirmou durante o primeiro debate televisivo entre os candidatos à presidência:

«vejam, eis um homem com um monte de números. Fala de números. Começo a pensar que não só inventou a internet, mas também a calculadora. É uma matemática que não se compreende» [Westen 2007; trad. it. 2008, 40].

Campanhas de mobilização. Para convencer os eleitores mobilizáveis é necessário ter uma mensagem que evidencie a importância da sua participação na votação. Pode-se insistir no facto de o voto ser decisivo para o resultado final («O seu voto conta, a competição está em aberto»), na inspiração («Um futuro melhor»), no medo ou na raiva (pode acontecer algo terrível: «Os radicais no governo», «Mais impostos sobre a sua casa»), num investimento emocional na vitória através de uma contraposição «nós contra eles» («Uma escolha de campo»), na vingança e na punição («Falsearam as eleições»; «Usaram o dinheiro que ia para as escolas, ignoraram a minha categoria profissional ou a comunidade em que eu vivo»).

Os objetivos de *persuasão* e *mobilização* são contrapostos, erradamente, como se um excluísse o outro. Nas campanhas pré-modernas o objetivo principal era mobilizar os eleitores que já se identificavam com um partido através de canais que podiam reforçar posturas existentes ao invés de persuadirem para a mudança. Nas campanhas modernas, pelo contrário, grande parte dos recursos era destinada à persuasão através da televisão generalista, dando por adquirida a mobilização da base [Vaccari 2007]. As campanhas atuais, por fim, são sempre uma mistura de persuasão e de mobilização, sendo que esta última – por causa da polarização dos eleitores em dois grupos contrapostos e não dispostos a votar no outro alinhamento (no máximo a absterem-se) – pareceu nas últimas eleições (por exemplo, nas eleições legislativas italianas de 2006 e 2008) mais decisiva comparativamente aos esforços para convencer os indecisos e os eleitores independentes. Nas campanhas pós-modernas a persuasão e a mobilização coexistem com o objetivo de alcançar quer os eleitores flutuantes, quer a base frágil, graças à multiplicação dos canais à disposição, aos meios de comunicação social de nicho e aos instrumentos de comunicação direta.

2.2. *Microtargeting e life targeting*

O uso de bases de dados eleitorais cruzadas com outras de origem comercial conduziu à afirmação de novas técnicas definidas como *microtargeting*. O *microtargeting* permite transmitir uma mensagem personalizada a um grupo específico do eleitorado com base em informações exclusivas sobre aquele grupo. Isso permite escolher com maior cuidado os eleitores, de maneira a obter contactos mais eficientes e poupar dinheiro. Estas técnicas, que começaram a ser utilizadas na Califórnia nos anos 90, foram usadas pela primeira vez em larga escala nas eleições presidenciais norte-americanas de 2004 por parte dos Republicanos.

Na campanha de Bush de 2004 o *microtargeting* foi rebatizado como *life targeting* [Sosnik, Dowd e Fournier 2006] para sublinhar a incidência dos estilos e das fases de vida nas escolhas eleitorais (e de comunicação). Na realidade, uma primeira versão de campanha baseada numa segmentação segundo os estilos de vida foi realizada por Bill Clinton em 1996 com o objetivo de identificar um número suficiente de *swing voters* para um presidente que, quatro anos antes, tinha ganho as eleições com 43% dos votos [Penn 2007]. Através de mais de 100 000 entrevistas telefónicas e da análise dos estilos de vida e dos valores dos eleitores, o estratego da campanha Mark Penn identificou dois grupos *target* denominados Swing I e Swing II [Sosnik, Dowd e Fournier 2006]. Os eleitores do primeiro grupo estavam mais interessados em programas a favor das famílias da classe média do que na política ideológica. Preocupados com a sua situação económica, estavam atentos a propostas de aumento dos salários mais baixos e de garantia de cuidados de saúde para si e para a própria família. Enquanto o primeiro grupo era constituído por pessoas com valores moderadamente liberais, o segundo era composto por eleitores moderados e conservadores com escassa simpatia por políticas progressistas, uma forte desaprovação relativamente às escolhas de Washington e elevada hostilidade para com os imigrantes clandestinos, vistos como beneficiários de políticas sociais não merecidas (apesar dos recursos destinados a resolver os problemas da classe média norte-americana). Para vencer, Clinton tinha de alcançar o consenso de 60% dos pertencentes ao primeiro grupo e de 30% dos pertencentes ao segundo. A equipa de Clinton dividiu o eleitorado em nove grupos, segundo quatro traços psicológicos. Foi também criada uma classificação valorial (*value matrix*) dos eleitores com base numa série de respostas sobre temáticas como a homossexualidade, relações sexuais antes do casamento, pornografia, santidade do matrimónio e importância da religião e da fé em Deus. Quanto mais elevada fosse a pontuação, mais elevada seria a possibilidade de voto em favor dos Republicanos. Segundo Mark Penn [2007], tratava-se de um indicador capaz de prever o comportamento eleitoral com maior precisão do que outros indicadores como o rendimento, a idade e a confissão religiosa. O objetivo seguinte foi identificar as temáticas que pudessem interessar mais às várias tipologias de personalidade. Um exemplo disso é constituído pelo segmento definido *soccer moms*, mulheres que viviam em áreas suburbanas e procuravam conciliar o trabalho e a criação dos filhos. Enquanto os seus maridos já tinham decidido em quem votar, as *soccer moms* estavam indecisas, exigiam propostas concretas e uma maior atenção do governo para com os seus filhos. Por este motivo, o presidente Bill Clinton deu início a uma campanha focada em dar um forte sinal de atenção e auxílio à educação e segurança dos filhos: foram introduzidos testes antidroga nas escolas, estabeleceram-se limites às cenas de violência nos meios de comunicação social, criaram-se medidas contra o tabagismo nos adolescentes e recuperou-se o uso da farda escolar. Por fim, uma vez escolhidos o *target* e as mensagens ligadas às propostas políticas concretas, a campanha usou um método inovador para estabelecer os instrumentos mais adequados: identificar quantos *swing voters* existiam em cada um dos mercados televisivos nos principais estados e o custo por contacto. Onde este custo era mais conveniente, comprava-se espaços televisivos; onde o custo era mais elevado, intensificava-se a presença física do candidato.

DECIDIR 117

Clinton ganhou as eleições de 1996 com 49% dos votos e conseguiu conquistar 65% dos eleitores do grupo Swing I e 35% dos eleitores do grupo Swing II.

Oito anos depois, a equipa de George W. Bush utilizou uma abordagem diferente e um sistema de *microtargeting* muito mais sofisticado [Sosnik, Dowd e Fournier 2006]. O ponto de partida foi a consideração de que os eleitores independentes estavam constantemente em queda e que aqueles que o eram verdadeiramente (ou seja, não eram tendencialmente Democratas nem Republicanos) não ultrapassavam os 7%. Ao invés de gastar tempo e dinheiro a identificar e contactar os *swing voters*, a campanha de Bush decidiu apostar na capacidade de encontrar e mobilizar novos eleitores republicanos: nos quinze estados decisivos (*battleground states*) foram identificados cinco milhões de «potenciais republicanos» (inclinados a votarem no Partido Republicano se mobilizados de maneira adequada), seis milhões e setecentos mil «republicanos pouco fiáveis» (apreciavam a *brand* do GOP, mas raramente iam votar) e dois milhões de «*target* para o registo» (próximos do Partido, mas não registados para votar). Enquanto os tradicionais métodos de *targeting*, baseados no voto anterior e nos hábitos políticos, permitiam identificar um milhão e oitocentos mil eleitores potenciais para o candidato republicano, o sistema de *life targeting* permitira atingir onze milhões e setecentos mil eleitores. O objetivo de expansão da base e ativar potenciais eleitores foi um sucesso notável: a campanha orquestrada por Karl Rove levou os republicanos a aumentarem cerca de 11,5 milhões o número de votos obtidos pelo presidente cessante relativamente a 2000; a campanha de Kerry (que não usou o *microtargeting*), apesar dos grandes esforços, «apenas» conseguiu aumentar em oito milhões o resultado alcançado por Al Gore quatro anos antes.

O *microtargeting* é tornado possível pelo recurso a vastas bases de dados que contêm imensas informações sobre os eleitores e podem ser cruzadas com os dados de empresas comerciais relativamente aos hábitos de compras. A comissão nacional do Partido Republicano usa um sistema de base de dados denominado *Voter*

Vault (que já vai na terceira versão), enquanto os Democratas usam o *VoteBuilder*. O *software* do *Voter Vault* foi também utilizado pelo Partido Conservador britânico nas eleições de 2005. Para Mark Penn [2007], na base do sucesso do *microtargeting* está a capacidade de identificar pequenos grupos que têm atividades ou desejos em comum ou sujeitos que podem ser agregados de maneira a tornarem-se um grupo do género. Identificar estes pequenos grupos de nicho (mesmo de 1%) e conseguir mobilizá-los em próprio favor pode modificar o resultado final das competições eleitorais.

3. Construir a mensagem

Na base de uma campanha eleitoral de sucesso existe sempre uma mensagem eficaz. A mensagem não é simplesmente um conjunto de poucas palavras, repetidas frequentemente, mas muito mais: é a argumentação na base da campanha. Trata-se do argumento central, a razão pela qual os eleitores deveriam escolher um candidato e não um dos adversários [Cacciotto 2006; Facheaux 2009].

Deve prestar-se particular atenção à preparação da mensagem, já que nem sempre a mensagem difundida é a mensagem percebida. O público, com efeito, é composto por indivíduos que vivem em contextos de relação diferentes e a mensagem deverá passar não apenas através de filtros pessoais (história, cultura, convicções), mas também através das redes sociais e amiúde a mediação de terceiros pode modificar ou distorcer aquilo que para o emissor da mensagem devia ser o significado. Cada significado está, portanto, sujeito a interpretações e reações emocionais da parte das pessoas que o recebem. Basta pensar na palavra *change* nas eleições presidenciais de 2008: para os eleitores democratas significava uma mudança relativamente às políticas de Bush, numa perspetiva dirigida para o futuro e para novas políticas; para os republicanos, a mesma palavra evocava um regresso aos anos de ouro da presidência Reagan, a uma América do passado, otimista e com valores fortes.

DECIDIR

As mesmas palavras podem, portanto, ativar reações muito diferentes nos vários indivíduos: dois jovens da mesma idade, mas com estilos de vida diferentes (um estudante universitário comparativamente a um trabalhador, um trabalhador sindicalizado relativamente a um não sindicalizado), podem reagir de maneira muito diferente à mesma mensagem. Segundo Luntz [2007], as palavras, uma vez proferidas, já não pertencem a quem as pronunciou. Por este motivo é necessário prestar muita atenção a quem vai receber a mensagem, construindo-a de maneira a que tenha em conta as diferentes implicações emocionais das palavras, das frases, das imagens e dos símbolos. Neste sentido, podemos dizer que «a mensagem é o destinatário» [Cacciotto 2006]: para ser eficaz, a comunicação política deve ser capaz de criar mensagens diferentes para interlocutores diferentes, expondo os mesmos argumentos com modalidades específicas que se adaptem aos contextos em que vivem. Segundo Mark Mellman, *pollster* de Kerry em 2004, os eleitores decidem em quem votar com base num «misto de programas, valores e traços da imagem». Todos estes aspetos misturam-se como numa sopa» [Grandi e Vaccari 2007, 44]: por isso deve prestar-se especial atenção à definição da mensagem e à coerência, credibilidade e eficácia dos três elementos que a compõem (serão apresentados de seguida). A mesma palavra pode ter um significado e um efeito diferentes conforme quem a usa, quem a recebe e o contexto em que é utilizada. É por este motivo que candidatos com mensagens iguais ou semelhantes não alcançam os mesmos resultados em contextos eleitorais diferentes ou com adversários diferentes.

3.1. *Os elementos da mensagem*

A mensagem pode ser decomposta em três elementos [Cacciotto 2006], que os consultores anglo-saxónicos definem como: *rationale*; *theme*; *issues*.

O primeiro elemento, que podemos traduzir como *razão fundamental*, é a resposta à pergunta: «Porque se candidata?». Representa, relativamente às posições sobre *policies* específicas ou temáticas políticas, uma caracterização mais ampla. Os elementos biográficos e os objetivos do candidato são os «tijolos» para a construção do *rationale*. Não se trata de construir um *curriculum vitae* frio, mas de criar uma ligação emocional com os eleitores: as experiências (políticas, profissionais e pessoais) são aquelas que formaram a pessoa que se apresenta a eleições, o sistema de valores na base da candidatura. Periodicamente, na política americana regressa, por exemplo, a caracterização de *outsider* para reforçar a diferença existente relativamente aos «politiqueiros» de Washington: usaram-na com sucesso, por exemplo, Eisenhower em 1952 e Reagan em 1980. O próprio Obama utilizou-a para se defender das acusações de inexperiência e sublinhar a sua diferença (não apenas de idade) em relação a Hillary Clinton, primeiro, e a John McCain, depois. Da mesma maneira se comportou Silvio Berlusconi em 1994, utilizando também a sua experiência de empresário para reforçar a mensagem ligada à capacidade de trazer a mudança e criar postos de trabalho.

O *tema* é, ao invés, a resposta à pergunta: «Por que razão deve alguém votar em si?». Exprime não apenas as prioridades e a visão, mas também os motivos por que estas são importantes para os eleitores. Eis por que razão o tema deve estar nos cartazes e nos autocolantes e é, habitualmente, o objeto da última frase dos anúncios radiofónicos e televisivos. O tema representa o fio condutor de toda a campanha eleitoral e pode fazer a diferença (sobretudo se o adversário não tem um tema ou tem demasiados). Em 2004, George W. Bush exortou os eleitores a escolherem «uma liderança consistente em tempos de mudança», reforçando a estratégia de apostar em fazer com que a referência dos eleitores se tornasse o carácter e a capacidade de liderança, ao invés da situação económica ou das questões ligadas à Saúde ou ao Estado social. Kerry, pelo contrário, mudou três vezes de mensagem: arrancou com um tema ligado a elementos biográficos («uma vida de serviço»), depois passou para um tema que dizia respeito às prioridades e visão do candidato («Mais fortes na pátria, respeitados no mundo») e, por fim, usou um tema genérico centrado na mudança, mas sem verdadeira força emotiva («Uma nova direção para a América»).

O terceiro elemento da mensagem é composto pelos *issues*, que representam um ponto de encontro entre a razão fundamental, o tema da campanha e as políticas específicas sobre as quais se quer intervir. Também seria preciso distinguir entre diferentes tipos de eleições. Uma boa regra é limitar-se a três *issues* e repeti-los a cada ocasião. Com efeito, a reiteração é um dos elementos fundamentais para a eficácia de uma mensagem.

O objetivo de um candidato é fazer com que a sua mensagem seja recordada. Esta, portanto, deve ser criada de maneira a maximizar tal efeito. A mensagem elaborada deverá ser breve, simples, credível, fácil de recordar e de compreender, repetida inúmeras vezes.

Como demonstra a linguagem publicitária, uma mensagem breve tem mais possibilidades de ser lida e recordada. A isto podemos acrescentar que o uso de SMS está a modificar a linguagem através da síntese e da utilização de siglas e acrónimos (o fenómeno é particularmente acentuado nas gerações mais jovens). Dois dos *slogans* mais felizes da história das campanhas eleitorais foram compostos por apenas três palavras: *I like Ike*, na campanha eleitoral norte-americana de Eisenhower, em 1952 [Bendicenti 2005; Gabardi 2008], e *La force tranquille*, na campanha presidencial de Miterrand em 1976 [Séguéla 2010]. A simplicidade e a possibilidade de compreensão imediata da mensagem são, portanto, fundamentais para fazer com que os eleitores não a esqueçam e que ela fique gravada nas suas mentes até ao momento da votação; se a mensagem for demasiado complicada ou «subtil» os eleitores perdem interesse e esquecerão facilmente o seu conteúdo; se for complicada à primeira leitura ou perceção com toda a probabilidade os eleitores não se detêm nela (por exemplo, nem olham para o cartaz). Na campanha vencedora de 1994, Silvio Berlusconi tinha bem presente esta característica e gostava de repetir aos seus colaboradores um velho princípio do mundo da publicidade: «Se demorares mais de três segundos a percebê-la, a mensagem está errada»» [Cattaneo e Zanetto 2003]. Parte do sucesso eleitoral de Obama está ligado à utilização de mensagens breves e coerentes com a campanha e com o candidato: *Yes we can* («Sim, podemos»), *Change* («Mudança»), *Hope* («Esperança»), *A change we can believe in* («Uma mudança na qual podemos acreditar»). Como defende Luntz [2007, 8], «as palavras usadas tornam-se tuas e tu tornas-te as palavras que usas»: a credibilidade da fonte reflete-se na credibilidade da mensagem.

Outra componente fundamental é a repetição: nenhuma mensagem, independentemente da sua simplicidade, poderá fixar-se na memória dos eleitores se não for repetida inúmeras vezes pelo candidato durante a campanha, até porque nem todos os eleitores estão expostos com a mesma frequência às mensagens político-eleitorais. A mensagem proposta pode derivar de um tema fundamental da campanha percecionado como especialmente importante pelos eleitores e ser desenvolvido e adaptado de maneiras diferentes. Um exemplo válido neste sentido pode ser encontrado na mensagem proposta nos cartazes eleitorais da Lega Nord nas eleições políticas de 2008: a mensagem-chave era o tema, caro aos eleitores da Liga Norte, da necessidade de uma maior autonomia em relação ao governo de Roma, sobretudo do ponto de vista fiscal; a partir deste tema forte a mensagem foi repetida e derivada da seguinte maneira:

- menos impostos para Roma, mais dinheiro para as nossas estradas;
- menos impostos para Roma, mais dinheiro para os reformados;
- menos impostos para Roma, mais dinheiro para salários.

3.2. *Esquemas de construção das mensagens*

Na construção da mensagem é preciso sempre ter presente que a campanha eleitoral é uma triangulação entre candidato, adversário e eleitores. Os três elementos devem ser considerados com a devida atenção. Não basta construir o nosso perfil de identidade e analisar os nossos pontos fortes e fracos. É necessário fazer o mesmo com o adversário: isto servirá para evidenciar as diferenças, para encontrar pontos de ataque ao adversário e, por sua vez, estar pronto para responder a eventuais ataques. Os candidatos de maior sucesso criam entusiasmo em seu redor e sentimentos negativos em relação aos adversários (trata-se do carácter, dos princípios, da competência ou da associação a personagens pouco amadas). É preciso «contar uma história», que se insira numa narrativa coerente (perguntar-se o que pensarão ou «sentirão» os eleitores depois).

Existem dois esquemas úteis para construir uma mensagem eficaz que tenha em conta os três elementos da triangulação: o primeiro é definido como *message grid* (grelha da mensagem), o segundo como *mirror opposites* (opostos ao espelho).

A «grelha da mensagem» (ver tabela 4.2) tem a função de ajudar um candidato, não apenas a identificar a sua mensagem, mas também a pô-la em correlação com o que dirá o adversário para se descrever e para o atacar [Tringali 2009].

O esquema dos «opostos ao espelho» consiste em traçar diferenças claras relativamente ao adversário com base em escolhas relativas a temáticas específicas ou à história pessoal, profissional e política. Primeiro, deve ser feito um mapeamento aprofundado dos pontos fortes e fracos, que devem ser inseridos, de seguida, em mensagens positivas, negativas ou comparativas. É importante ter presente que o contexto pode transformar em pontos fortes aspetos que no passado eram pontos fracos, e vice-versa. Escolhendo concentrar-se exclusivamente nos próprios pontos fortes ignorando as fraquezas do adversário, opta-se por uma mensagem *positiva*. Se, ao invés, se escolhe concentrar-se nas fraquezas do adversário sem falar dos próprios pontos fortes, opta-se por uma mensagem *negativa*. Apesar das polémicas a este respeito, é inegável que amiúde uma mensagem negativa tem mais impacto que uma mensagem positiva. Todavia, pode ser arriscado iniciar a campanha com uma mensagem negativa, que se torna, ao invés, uma boia de salvação em caso de desvantagem ([23]). A última das três opções é a de comparar os próprios pontos fortes com as fraquezas do adversário, ou seja, usar uma *mensagem comparativa*. Frequentemente, esta é a mensagem que aos olhos dos eleitores resulta mais credível, já que estes não lhe pedem que seja o candidato «perfeito», mas simplesmente um «melhor» do que o adversário. Naturalmente, uma mensagem não exclui a outra: as campanhas amiúde arrancam com um tipo de mensagem e depois terminam com outro tipo (passa-se por exemplo de uma mensagem positiva para uma mensagem comparativa, ou então de uma mensagem positiva para uma negativa). Em todo o caso, é melhor evidenciarmos as nossas características antes que sejam os outros a fazê-lo («definir antes de ser definido») e estar sempre preparado para responder rapidamente aos ataques. Para o fazer, é necessário ser capaz de os prever e, em alguns casos, pode escolher «vacinar-se» antecipando a própria fraqueza e explicando-a aos eleitores da maneira mais empática possível [Cacciotto 2006].

TABELA 4.2. *O esquema do message grid*

O que direi aos eleitores sobre mim?	O que dirá aos eleitores o meu adversário sobre si mesmo?
O que direi sobre o meu adversário?	O que dirá o meu adversário sobre mim?

Por fim, na formulação das mensagens não se pode esquecer o terceiro protagonista da triangulação: o eleitor. Competir para captar a atenção dos eleitores está na base de todas as campanhas eleitorais e o candidato deve concretizar várias estratégias

---

([23]) Frequentemente os ataques são delegados a terceiros, de maneira a não «sujar» a imagem do candidato. Um *case study* desta situação foi o ataque dos *Swift Boat Veterans* contra Kerry em 2004 (www.swiftvets.com).

para se fazer escutar pelos potenciais eleitores e para fazer com que a sua mensagem alcance uma plateia o mais ampla possível e seja recordado no tempo. O desafio que o candidato tem de enfrentar, de facto, não é apenas aquele em que defronta o seu adversário político direto. É também o desafio pela atenção dos eleitores relativamente a todas as outras notícias difundidas pelos meios de comunicação social (o jogo de futebol da equipa preferida, o encerramento de uma fábrica, o pagamento dos impostos, o assalto aos correios, o concerto de determinada banda), às quais com certeza os espectadores estão muito mais interessados. A multiplicação das fontes de informação e dos argumentos na esfera mediática, de facto, torna cada vez mais difícil atrair a atenção dos eleitores, em particular daquelas faixas que estão pouco ou nada interessadas na política. Podemos afirmar que as faixas do eleitorado que veem programas de política na televisão ou que leem as notícias políticas dos jornais diários correspondem a uma minoria já mais informada, em média, do que as outras faixas da população. Esta categoria de pessoas é mais fácil de alcançar uma vez que, em si mesma, está mais disposta a receber mensagens políticas; mas terá já também, com toda a probabilidade, uma ideia clara sobre as preferências de voto, que será muito difícil modificar. Os eleitores indecisos, ao invés, estão habitualmente pouco interessados na comunicação política e requerem a capacidade de usar mensagens simples e, amiúde, ligadas a escolhas de valor ou relativas à personalidade dos candidatos.

Capítulo V

Agir

Existem duas espécies de planos de campanha: os bons planos e os maus planos. Por vezes, os bons planos falham, por circunstâncias fortuitas; outras vezes, os maus planos têm êxito, por um capricho da sorte.

NAPOLEÃO, *Memorial*

No curso da História, o meio de comunicação utilizado e o seu custo influenciaram a natureza da atividade política, que não pode prescindir da comunicação. Periodicamente, os novos meios de comunicação social modificaram o modo de fazer política e representaram uma vantagem decisiva para os políticos que em primeiro lugar perceberam as suas potencialidades. Assim, nos anos 30 foi Roosevelt quem compreendeu a importância da rádio e dela se serviu para ter vantagem na comunicação com os norte--americanos através dos célebres «discursos à lareira». Nos anos 60 foi Kennedy quem utilizou em sua vantagem a televisão, primeiro para ganhar as eleições e, depois, para influenciar a perceção da sua administração por parte da opinião pública. Nas presidenciais de 2008 Barack Obama demonstrou as grandes potencialidades da internet e dos *new media*, e a sua presidência promete ser a primeira a usá-la estrategicamente para falar diretamente aos cidadãos e para os mobilizar em seu favor. Se o conseguirá ou não, nenhuma campanha eleitoral poderá evitar considerar a *web* e os novos meios de comunicação social como parte integrante do plano estratégico geral.

Este último, independentemente da dimensão da campanha, deve ser o ponto de partida: a redação de um plano escrito que contenha uma cronologia rigorosa da campanha, a alocação de recursos, os instrumentos, os temas e as mensagens, os *targets* e os segmentos eleitorais a atingir. Planificação, organização e disciplina são os elementos-chave para o sucesso final.

1. Organizar-se para vencer

Na base de uma campanha de sucesso existe sempre uma grande organização que pode seguir dois modelos principais: um modelo hierárquico e um modelo colegial [Semiatin 2004; Vaccari 2007].

No *modelo hierárquico*, caraterizado por uma liderança forte e uma estrutura piramidal, prevalece o fluxo das informações de alto para baixo. As vantagens deste modelo estão ligadas à existência de uma autoridade indiscutível, que torna a execução do projetos mais simples e veloz (com papéis, tarefas e responsabilidade bem definidas) e a organização mais rápida quando é necessário mudar de rota no desenrolar da ação. A desvantagem consiste no facto de as pessoas no topo serem um filtro considerável entre o candidato e o mundo exterior, e nem sempre poderem ou quererem recolher, analisar e ter em consideração todas as informações disponíveis. A degeneração deste modelo é o «pensamento de grupo»: a coesão interna faz com que cada membro reforce as convicções dos outros, rejeitando toda e qualquer voz discordante ou solicitação externa, mesmo quando são úteis e necessárias.

No *modelo colegial*, ao invés, os vários atores têm mais ou menos a mesma autoridade. Mesmo no caso em que exista um coordenador, este é mais um *primus inter pares* do que um chefe. Teoricamente, uma estrutura como esta, caracterizada por uma distribuição de poder mais equilibrada, está mais recetiva ao ambiente externo: a combinação de pessoas com diferentes sensibilidades e competências, quando bem gerida, permite trazer à luz mais informações e pontos de vista. O perigo é que a ausência de uma figura responsável pela tomada de decisão final dificulte a obtenção de uma síntese operacional partilhada. A necessidade de chegar a um consenso entre todos os componentes do grupo diretor (eventualmente através de procedimentos de votação por maioria) torna mais lenta a capacidade de decidir e de reagir às crises. A fragmentação do poder de decisão e a dispersão da responsabilidade provocam mal-estar, e quando se tomam decisões não partilhadas a fação derrotada tende a pôr obstáculos à sua atuação.

Um claro exemplo de organização vencedora é a campanha conduzida em 2008 por Barack Obama, que soube fazer bom uso das possibilidades oferecidas pelas novas tecnologias para construir uma estrutura capilar e eficaz, organizar e usar milhões de voluntários e recolher *feedback* em grande escala. Com efeito, nenhuma campanha eleitoral pode ser ganha sem organização, mas para vencer não basta ter voluntários: é necessário pessoas que os saibam organizar. Milhões de voluntários foram coordenados por responsáveis formados nos *Obama Camps*, seminários de formação que duravam entre dois e quatro dias (com grupos de participantes compreendidos entre 40 e 400 elementos), através dos quais passaram mais de 20 000 pessoas [Garbellano 2008; Cornfield 2010]. O ponto de partida foi um estudo da Harvard Kennedy School sobre programas de voluntariado político, que havia sublinhado a necessidade de focar os voluntários nos objetivos gerais e não nos objetivos pessoais; de identificar, desenvolver e organizar líderes no território; de desenvolver fortes relações, não apenas entre os membros da organização, mas também entre os seus principais apoiantes; e, por fim, de não acentuar apenas a parte

130   MARKETING POLÍTICO

racional do «vender» ideias políticas. O autor do estudo, Marshall Ganz, tornou-se o responsável organizativo da campanha eleitoral de Obama e introduziu o uso do *storytelling* para motivar os participantes e torná-los, por sua vez, ótimos motivadores. A cada participante era atribuído um papel específico e um programa de trabalho detalhado. O aspeto organizativo foi, segundo Ganz, um fator decisivo para o sucesso final. A campanha de Obama soube juntar a uma estrutura hierárquica (com responsabilidade e tarefas bem definidas) modalidades de interação pessoais (como os citados *Obama Camps* e o trabalho nas comissões eleitorais) e impessoais (receber e-mails e pedidos de financiamento *on-line*), permitindo tomar iniciativas quer pessoais (organizar eventos independentemente da equipa central da campanha) quer impessoais (partilhar conteúdos através de variados instrumentos *on-line*) [Vaccari 2010].

As inéditas possibilidades de interação e participação oferecidas pelas novas tecnologias tornaram mais fluidas e horizontais as máquinas eleitorais, mas permanece fundamental (e assume ainda maior importância com a ampliação do número de participantes e das possibilidades de participação) a presença de um núcleo estratégico central capaz de distribuir e filtrar as informações, receber *feedback* e racionalizar as responsabilidades. Nenhuma campanha pode prescindir de uma comissão eleitoral eficaz ou, com um termo muito em voga nos anos 90, de um *war room* [gabinete de crise] que recolha num lugar físico informações e elementos cruciais da organização.

1.1. *Comissão eleitoral e o war room*

Independentemente do tipo de competição eleitoral (desde as eleições autárquicas até à campanha nacional), para garantir uma eficaz coordenação das atividades é indispensável a constituição de uma comissão eleitoral. A comissão deve desempenhar uma série de funções específicas, não importa se agrupadas sob a responsabilidade de poucas pessoas ou atribuídas individualmente: o coordenador geral da campanha (*campaign manager*), o especialista de estratégia e de comunicação política, o secretário, o responsável administrativo (com a tarefa de controlar as finanças e o orçamento) e o responsável pelo trabalho de escritório (a logística). A estas podem juntar-se uma ou mais figuras com responsabilidade de comunicação (meios de comunicação, relações com a imprensa, *site* na internet e atividades na *web*), responsabilidades organizativas (a agenda do candidato, base de dados e lista de endereços, coordenação dos voluntários, relação com os fornecedores), responsabilidades económicas (recolha de fundos) e políticas (relação com os partidos, redação dos programas).

Não importa o tamanho da equipa, o ponto fundamental é constituído por uma clara articulação das tarefas e das responsabilidades. As competências de cada um devem ser precisas e conhecidas de todos os componentes da comissão eleitoral: isto permite manter a eficiência da estrutura também em momentos de stress, quando poderão emergir incompreensões e desresponsabilizações típicas dos grupos de trabalho sob pressão.

O modelo do *war room*, com a sua mescla de expoentes de partido e especialistas externos, representa uma fórmula eficaz para responder ao desafio da comunicação política pós-moderna: um lugar dedicado à análise, à organização e à elaboração de mensagens de campanha eleitoral com a interação entre expoentes de partido e profissionais externos. Características vencedoras são a centralização das funções de decisão, a aquisição das competências necessárias e a capacidade de responder em tempo breve às contingências mutáveis da competição eleitoral. O primeiro exemplo de *war room* ocorreu na campanha de Clinton em 1992, copiado depois pelo New Labour de Blair na campanha vitoriosa de 1997. Um documentário intitulado *The war room*, realizado em 1993 por Hegedus e Pennebaker, descreveu a campanha presidencial de Clinton e mostrou em ação a equipa estratégica e de comunicação (a que pertenciam Carville, Stephanopoulos e Greenberg) desde as primárias em New Hampshire até à celebração da vitória em Little Rock.

Na versão britânica todas as funções estratégico-comunicativas foram concentradas na nova sede da Millbank Tower, um edifício *open space* operacional desde os primeiros meses de 1996 graças a um investimento de 2 milhões de libras para arrendamento e reestruturação. Na mesma sala trabalhavam mais de 200 pessoas (incluindo todas as figuras fundamentais da campanha), e havia uma base de dados eletrónica, *Excalibur*, que permitia recolher e reelaborar todas as informações úteis à condução das operações eleitorais [Gould 1998].

O modelo do *war room* espalhou-se pelo continente: na Alemanha, Schröder, por sugestão de consultores britânicos, instituiu o Kampa, uma unidade central encarregada de tomar todas as decisões relativas à campanha eleitoral e constituída por um terço de profissionais externos. Foram contratadas oito agências especializadas em estudos de mercado, eventos, comunicação na Internet, monitorização e análise dos meios de comunicação social, formação, escrita dos discursos e naturalmente publicidade, além da compra de espaço nos meios de comunicação social [Althaus 2009]. A sede do Kampa ficava fora do quartel-general do partido e as figuras fundamentais da campanha mudaram-se para lá durante 1997, um ano antes das eleições nacionais. Nas eleições seguintes (2002) os sociais-democratas instituíram um novo Kampa confiado, como quatro anos antes, a Mathias Machnig. Desta vez a CDU respondeu com um novo quartel-general denominado Arena 02, cheio de jovens profissionais e equipamento *high-tech*.

Em Itália, a primeira verdadeira tentativa de importação do modelo de *war room* ocorreu em 2005 com *Motore azzurro* [24]: a coligação Forza Italia instalou a partir do mês de outubro, no bairro romano Eur, um centro eleitoral com mais de vinte escri-

---

[24] Já em 2001 tinha havido uma primeira experiência com *Il Tavolo per l'Italia* (reunião semanal entre Silvio Berlusconi e um grupo de profissionais da comunicação externos) e, para o centro-esquerda, com uma estrutura centralizada entregue a Paolo Gentiloni, que beneficiava da consultoria do *pollster* americano Stanley Greenberg.

tórios, dez salas de reuniões, estúdios de gravação radiofónica e televisiva, um *call center* e um *site* composto por uma área pública e uma área de acesso reservado e individualizado para cada uma das comissões eleitorais locais [Palmieri 2008].

2. O plano de campanha

Uma campanha com alguma possibilidade de sucesso não pode deixar de ter um plano escrito contendo os objetivos, o *target* e as mensagens, além de uma planificação atenta da presença nos meios de comunicação social.

A análise do contexto e os elementos indicados anteriormente devem ser inseridos num plano escrito para evitar que a estratégia desapareça sob a pressão gerada no decurso da campanha: como defende Napolitan [1972], «If you can't write down a strategy, you don't have a strategy» [25]. A planificação deve ter em conta quer os meios de comunicação social pagos (*paid media*) quer os gratuitos (*free media*): com a primeira expressão faz-se referência à publicidade eleitoral paga, com a segunda à cobertura jornalística da campanha eleitoral. O plano de *media* permite organizar a presença nos meios de comunicação social para obter a máxima difusão da mensagem e fazer com que chegue ao maior número possível de pessoas em relação aos *targets* eleitorais de referência. O tempo à disposição, a quantidade de recursos económicos e o contexto de partida incidirão sobre o tipo de planificação adotada. Uma boa campanha tem de conseguir integrar os seus temas fundamentais nos meios de comunicação social pagos e gratuitos: os textos dos anúncios, as temáticas das conferências de imprensa e das aparições públicas, a publicidade e a presença nos vários meios de comunicação devem refletir a estratégia global contida no plano. Estratégia que tem como objetivo a construção de uma certa imagem do candidato [Agranoff 1996].

---

[25] Se não conseguires pôr por escrito uma estratégia é porque não a tens.

No caso de um candidato pouco conhecido, intervém-se nas três dimensões constitutivas da imagem: a personalidade, a capacidade de desempenhar o cargo e o programa político. Para relacionar o nome do candidato com um tema, com a competência no desempenho das funções e com as qualidades pessoais recorre-se a breves anúncios publicitários e aos meios de comunicação visual. Se for bem estimulada, a cobertura jornalística sublinhará o programa e as competências, incrementando, em simultâneo, a notoriedade [Cacciotto 2006]. Consoante as diferentes estratégias, existem diferentes planos de aquisição de espaço nos meios de comunicação social [Trent e Friedenberg 1991].

A «estratégia de impulsos» (*spurt strategy*) consiste em adquirir grandes espaços televisivos e radiofónicos no início da campanha durante uma ou duas semanas; a isto acrescenta-se habitualmente a publicidade na imprensa escrita e nos meios de comunicação visual. O grande investimento inicial tem o objetivo de dar um «impulso» ao candidato, um salto em frente nas sondagens, com o objetivo de aumentar a sua credibilidade, melhorar a recolha de fundos e encontrar novos apoiantes. Não é por acaso que este plano é utilizado por candidatos pouco conhecidos ou com uma imagem escassamente definida. Após o primeiro «impulso» a campanha elimina ou reduz drasticamente a utilização dos instrumentos mais caros (como a rádio e a televisão) durante um longo período de tempo, recorrendo a ações de *direct marketing* para ganhar o consenso de setores específicos da população e, sobretudo, recolher mais fundos. Por fim, a campanha conhece um novo «impulso» mediante a aquisição de uma grande quantidade de tempo televisivo e radiofónico, acompanhado da utilização de outros meios de comunicação social. Esta estratégia tem por objetivo abrir e fechar a campanha de maneira enérgica.

A «estratégia do final acelerado» (*fast finish strategy*) prevê um arranque lento com um aumento continuado na frequência da publicidade até a uma conclusão muito intensa. Trata-se de uma estratégia utilizada por candidatos que partem de posições fortes e que reservam os recursos para a fase final, na qual contam adquirir espaço suficiente de forma a serem capazes de atingir a grande maioria dos eleitores. Pode também ser usada por candidatos que não têm muitos recursos económicos para adquirir espaço durante muito tempo e que, portanto, optam por aproveitar a atenção acrescida sobre a campanha e apostam na ativação do consenso latente para convencerem os eleitores indecisos.

A «estratégia da aquisição plana» (*flat buy strategy*) prevê a compra de espaços publicitários a um ritmo constante. Esta estratégia é utilizada por candidatos que estejam claramente em vantagem, com o objetivo de consolidarem essa posição. Muitas vezes é combinada com um final acelerado, de maneira a permitir ao candidato visibilidade durante um longo período e terminar a campanha de maneira decisiva.

A última é a «estratégia por eventos» (*big show strategy*). Tem como objetivo atrair a atenção da cobertura gratuita dos meios de comunicação social não controlados mediante uma série de eventos (conferências de imprensa, comícios, visitas a obras, etc.). Uma intensa aquisição de espaços publicitários acompanha o evento, multiplicando-lhe o efeito. Amiúde os anúncios assumem a forma de noticiário para misturarem, na perceção dos eleitores, a propaganda com a cobertura jornalística. Normalmente prevê-se a presença de pelo menos um evento importante nos últimos dias da campanha, de maneira a poder combinar os ingredientes de tal estratégia com os ingredientes do final acelerado.

Segundo Fenn [2009], a fragmentação da audiência televisiva, o custo elevado da publicidade na rádio, televisão e imprensa escrita, e a saturação causada pela elevada exposição dos eleitores a sons e imagens são as tendências de início do século que estão a modificar o contexto mediático para quem queira planear uma campanha política. Mais do que nunca é necessário identificar o modo melhor para alcançar públicos específicos e captar-lhes a atenção. A atenção do público é, cada vez mais, o verdadeiro recurso escasso das competições eleitorais: segundo Jaffe [2005], o norte-americano médio está quotidianamente exposto a 3225 mensagens. Ainda que com números diferentes, trata-se de uma condição comum a todos os cidadãos dos países ocidentais. A planificação atenta de uma campanha torna-se, portanto, ainda mais fundamental: ninguém se pode limitar a utilizar um ou dois meios de comunicação social e ter a certeza de alcançar a quase totalidade dos eleitores; é preciso recorrer a múltiplos meios de comunicação e ser capaz de adaptar a apresentação do tema de campanha às características do meio de comunicação. Todas as fases devem ser planificadas e é necessária capacidade de monitorização constante do andamento da campanha e de responder com rapidez aos ataques. Nenhum aspeto pode ser deixado ao acaso, a começar pelo anúncio da candidatura.

2.1. *O anúncio da candidatura*

O anúncio da candidatura representa o primeiro ato oficial da campanha eleitoral e deve ser planeado ao mínimo pormenor. O objetivo principal do evento, além do anúncio propriamente dito, é dar a conhecer de todas as maneiras possíveis a mensagem de fundo da campanha no seu todo.

O primeiro passo a dar é a escolha da modalidade e do local do anúncio, que têm a função de reforçar os elementos que caracterizam a mensagem. O local e a impressão gerada ficarão gravados na mente das pessoas, mais do que qualquer palavra ou proposta. Em 1994, Berlusconi usou uma mensagem televisiva gravada para chegar instantaneamente à maior parte dos italianos. Em 2008 anunciou a candidatura e o nascimento do PdL num discurso a partir da janela do seu automóvel enquanto se encontrava junto a uma tenda da coligação Forza Italia na praça Babila, em Milão, no coração económico e comercial da cidade, mas também lugar simbólico da direita. Walter Veltroni, nesse mesmo ano, escolheu Spello como lugar simbólico para dar início à sua campanha: Spello, uma pequena cidade da Úmbria rica em arte e cultura, emblema do conceito de uma Itália contraposta à conceção do seu adversário político.

Cada vez mais a *web* se torna o lugar escolhido para o primeiro anúncio. Um vídeo pode ser adaptado a vários contentores e transmitido em simultâneo (por exemplo, pela televisão, pela internet e por telemóvel). Hillary Clinton fez uso da internet como ponto de partida (e sinal de modernidade) para anunciar a sua intenção de participar nas primárias e candidatar-se à presidência dos Estados Unidos da América.

Um bom anúncio deveria conter uma parte significativa da biografia do candidato, a razão da sua candidatura, a mensagem principal e três temáticas relevantes do seu programa político. É fundamental que o anúncio seja breve, preciso e incisivo, e que mostre a visão de conjunto do candidato e do seu programa para o futuro, quase a delinear uma perspetiva mais ampla, uma ideia a concretizar, para depois remeter os detalhes do programa propriamente dito para as fases sucessivas da campanha. A notícia que deve sair do evento terá de ser, de facto, a candidatura, e não as propostas específicas do candidato relativamente a cada um dos temas, de que se falará mais tarde.

3. Os instrumentos de campanha

Nos últimos cem anos o que mudou radicalmente não foi a essência da política – que continua a dizer respeito a *who gets what* (quem obtém o quê) [Lasswell 1936], ou seja, à distribuição de recursos escassos numa sociedade. O que mudou mesmo foram os instrumentos mediante os quais são comunicadas e obtêm apoio as decisões respeitantes a tal distribuição. Depois das mudanças introduzidas pela rádio e pela televisão, os últimos trinta anos caracterizaram-se por uma aceleração na introdução de novas tecnologias que estão a modificar o modo não apenas de produzir e aceder às informações, mas também de participar na atividade política. Já não existe um meio de comunicação dominante, mas uma pluralidade de meios de comunicação. E esta pluralidade conduz à fragmentação dos públicos e das informações.

Planear uma campanha requer várias especialidades e escolhas, que devem ter em conta as diferentes características dos meios de comunicação social. Podemos dividir os meios de comunicação social em seis grandes categorias: 1) meios de comunicação visual; 2) imprensa; 3) rádio; 4) televisão; 5) internet; 6) meios de comunicação direta.

Os *meios de comunicação visual* (cartazes, *outdoors*, autocolantes, crachás) têm uma dupla função: servem para criar e reforçar o *name recognition*, a identificação do nome do candidato, e a dar dele uma rápida impressão mediante breves comunicações. Estas últimas habitualmente não contêm mais do que um breve *slogan*. Servem, também, para infundir coragem e convicção a quem já está envolvido na campanha através da distribuição de crachás e outro material nos encontros públicos. O cartaz é o meio mais clássico para ligar ao rosto do candidato (ou o símbolo do partido) à mensagem da campanha eleitoral. O uso e a importância do cartaz variam de país para país. A proibição dos anúncios publicitários e o uso do tamanho 6 x 3 m fizeram do cartaz, em Itália, o instrumental principal das campanhas eleitorais até à última década.

A *imprensa* (paga) permite dirigir-se a públicos específicos e de se exprimir mais cabalmente do que na publicidade noutros meios de comunicação social pagos. Em meia página ou num quarto de página é possível apresentar uma considerável quantidade de informação comparativamente a um cartaz ou ao anúncio radiofónico ou televisivo clássicos. Todavia, a queda constante de leitores e o custo muito alto estão a reduzir-lhe a importância e a eficácia. Em 2008, pela primeira vez, menos de metade dos norte-americanos declarou que lia regularmente jornais diários (46%). Um dado particularmente significativo, se considerarmos que eram 52% em 2006 e 71% em 1992 [Pew 2008a]. Também a Itália viu diminuir o número de leitores da imprensa diária, que desceram de 79,1% em 2007 para 64,2 em 2009, com uma queda particularmente acentuada entre os diários pagos, que descem de 67% para 54,8% [Censis 2009]; 30, 5% usam os jornais diários como fonte de informação política e somente 25,4% declaram que os usaram para escolher em quem votar nas eleições de 2009. É ainda cedo para verificar se a leitura eletrónica ligada à difusão dos novos instrumentos como os *smartphones* e os *tablets* (iPad e produtos do género) irá produzir uma retoma em termos percentuais e de importância dos jornais diários tradicionais, mas em todo o caso será algo diferente, mais ligado à convergência multimédia do que ao papel impresso como o entendemos hoje. Por agora, o relatório do CENSIS revela uma perda de importância devido ao facto de as pessoas estranhas ao uso da imprensa terem aumentado de 33,9% em 2006 para 39,3% em 2009. Trata-se de um dado que se torna ainda mais relevante por este fenómeno ter sido determinado pelos utilizadores da Internet, que mais do que duplicaram o seu desagrado relativamente ao papel impresso (eram 5,7% em 2006 e são 12,9% em 2009).

A *rádio*, depois de ter representado na primeira metade do século XX, juntamente com a imprensa, a forma dominante de comunicação política, foi ultrapassada a partir dos anos 50 pela televisão. Nas campanhas pós-modernas, porém, a rádio recuperou um papel importante graças à possibilidade de alcançar um público a que a televisão não chega: os pendulares, os idosos que só ouvem rádio, as donas de casa com muitas tarefas e também as gerações mais jovens. Em Itália, a rádio, embora tenha elevada difusão (81,2%), só é utilizada por 9,3% da população como fonte de informação política e tem escassa importância na procura de informações para a escolha do voto (5,5%) [*ibidem*]. Nos Estados Unidos, a *talk radio* assumiu um papel importante; a partir dos anos 80 conheceu uma retoma e é escutada regularmente por 19% dos eleitores norte-americanos [Pew 2008a]. A *talk radio* é ouvida sobretudo pelos republicanos: entre os ouvintes assíduos dos programas de *talk radio*, 44% definem-se conservadores e apenas 19% como liberais. O formato alterna monólogos do anfitrião do programa e entrevistas a convidados famosos, seguindo-se telefonemas dos ouvintes. Tem, sem dúvida, uma função de mobilização e reforço da adesão a um alinhamento político. Um exemplo histórico disto em Itália foi a Rádio Radical, mas um modelo mais recente, que tem fortes analogias com os Estados Unidos, é o da Rádio Padânia.

Merecem particular atenção tanto a evolução do meio televisivo como o crescimento exponencial da internet e a utilização do *direct marketing* ligado ao renascimento da campanha no terreno e às novas tecnologias.

3.1. *Televisão*

A televisão dominou a cena na segunda metade do século passado. Agora, embora se mantenha o principal meio de informação (mas também de «consumo»), está a sofrer profundas transformações por causa da digitalização e da fragmentação. Hoje, mais do que de televisão podemos, com efeito, falar de televisões. A televisão por cabo, a televisão por satélite, a televisão digital terrestre, a televisão pela internet e por telemóvel estão a ampliar, não apenas os canais à disposição, mas também as formas de fruição (basta pensar na possibilidade de ver programas *on-demand*). Em Itália, a televisão tem uma elevadíssima difusão, que chega aos 97,1% de utentes no total [CENSIS 2009]. Oferece, portanto, a grande vantagem de alcançar uma audiência que engloba a fatia de eleitores menos interessados e menos informados sobre temas políticos, e que ignoram em grande parte os meios de comunicação impressos. Não nos devemos esquecer que em Itália 26,4% das pessoas têm uma dieta mediática exclusivamente audiovisual, 59,1% têm a televisão tradicional como fonte de informação política (com extremos de 63,1% entre os sujeitos menos instruídos e de 67,7% entre os idosos) e os telejornais representam para 69,3% a fonte principal para escolher em quem votar. Começam a afirmar-se a TV digital por satélite, que atinge 35,4%, e a Web TV com 15,2%.

Os canais *all news* [noticiosos] são a fonte de informação política para 10,2% dos italianos. Lentamente vai-se afirmando um fenómeno que nos Estados Unidos levou a que fossem ultrapassadas as três estações tradicionais (ABC, CBS, NBC) por parte das *cable tv news* [canais noticiosos por cabo]: enquanto 39% dos norte-americanos vêm regularmente as notícias nos canais por cabo (CNN, MSNBC, Fox News), apenas 29% vêm as das três estações «históricas» [Pew 2008a]. Em particular, a audiência das televisões por cabo é mais jovem, mais informada sobre política e com habilitações académicas mais elevadas do que a média.

Em conclusão, relativamente a outros meios (à espera da afirmação definitiva dos canais temáticos e das «outras televisões»), a televisão permite uma abordagem menos seletiva para alcançar determinados segmentos eleitorais. Em compensação oferece credibilidade às campanhas que a usam e demonstrou ser o melhor meio de comunicação à disposição de um candidato desconhecido para se dar a conhecer em pouco tempo à maior parte dos eleitores.

Em Itália é proibido transmitir anúncios eleitorais nas televisões nacionais, mas não nas televisões locais. Estas permitem alcançar *targets* de eleitores (idosos, apaixonados pelo futebol e por transmissões desportivas, donas de casa) que de outra forma seriam difíceis de alcançar com a publicidade política. A fragmentação conduzirá a uma mudança no uso da televisão como instrumento de comunicação política: será necessário diversificar horários e canais, passar da televisão local para a nacional e da televisão por cabo para a televisão por satélite. Será necessário também compreender o espetador e, consequentemente, utilizar a linguagem e as temáticas mais adequadas para conquistar a sua atenção.

3.2. *Política 2.0*

A internet e os *new media* merecem um espaço à parte. Com alguns anos de atraso relativamente às previsões, estão lentamente a revolucionar o consumo de informação e o modo de comunicar: a *web* e os telemóveis estão a mudar o mundo do marketing. O uso da Rede está a trazer nova vitalidade a quatro atividades fundamentais nas campanhas de comunicação: informar, envolver, conectar e mobilizar [Foot e Schneider 2006]. Ao mesmo tempo, permite uma renovada participação através da coprodução, convergência e criação de ligações (*linking*) [Medvic 2009]. O *site* do candidato é um instrumento atualmente ubíquo na campanha eleitoral e configura-se como veículo fundamental de informações e conteúdos para os eleitores, para além de oferecer a possibilidade de recolher dinheiro de maneira eficaz e a baixo custo.

A utilização destes instrumentos está em contínua evolução: a web 2.0 introduziu enormes mudanças no *political networking* e permitiu a produção de conteúdos e atividades de campanha por parte dos eleitores, mesmo fora das campanhas oficiais dos candidatos [Ireland 2009]. Agora, o acesso à Internet através das aplicações (*apps*) poderá modificar-lhe ulteriormente a utilização na política, favorecendo uma personalização mais precisa dos conteúdos e uma melhor segmentação dos públicos. Entretanto, a web 2.0 levanta algumas ameaças às campanhas eleitorais: um maior rastreamento das declarações feitas no passado e maior risco de sair da mensagem principal e de tornar pública a vida privada [*ibidem*].

Em Itália, o uso da Rede abrandou dada a sua reduzida difusão: apenas 47% dos italianos a usam [CENSIS 2009]. Em particular, emerge um país dividido em dois: 80,7 % dos jovens e 67,2% das pessoas mais instruídas têm acesso à Rede, contra 12,2% dos idosos. Se somarmos portais, diários *on-line* e blogues ou redes sociais, 14,7% consideram a Rede um instrumento eficaz para obter informação sobre acontecimentos de atualidade política. Apenas 2,3% utilizaram os *sites* dos partidos e 2,1% os blogues, os fóruns de discussão e o Facebook para decidir em quem votar. Um papel político marginal, se considerarmos que cerca de 20 milhões de italianos, segundo o CENSIS, usam habitualmente uma das inúmeras formas de redes sociais. Em particular, na faixa etária dos 18-29 anos 56,8% utilizam Facebook e 67,8% YouTube. Nos Estados Unidos a situação é diferente: as últimas eleições presidenciais certificaram a Internet como a segunda fonte de informação sobre a campanha eleitoral, com 33% [Pew 2008b]. Um dado que entre os mais jovens (18-29 anos) atinge os 49% e se aproxima do da televisão (61%). A Rede continua a ser a segunda fonte de informação também para a faixa 30-49 anos (televisão 70%, internet 37%, rádio 27%, jornais diários 23%, mas é ultrapassada pelos jornais diários na faixa etária dos 50-64 anos (televisão 78%, jornais diários 34%, internet 29%) e também pela rádio na faixa etária dos com mais de 64 anos (televisão 82%, jornais diários 45%, rádio 16%, internet 12%). Os resultados da internet estão destinados a crescer e é apenas uma questão de tempo para se ver quando ultrapassarão os da televisão na faixa etária mais jovem. Os dados do Pew Research evidenciam que atualmente o uso da internet é imprescindível nas campanhas norte-americanas.

3.3. *High-tech politics*

As campanhas políticas pós-modernas redescobriram a importância das atividades de comunicação direta e «no terreno». Estas compreendem comícios, festas de partido, comissões de apoio, jantares, banquetes, festas privadas, reuniões e mesas redondas, concertos e espetáculos de apoio e visitas aos eleitores. A retórica da viagem sempre permeou as campanhas presidenciais norte-americanas. Em Itália foi Prodi quem inaugurou a espetacularização da viagem eleitoral com o autocarro que em 1996 se tornou o símbolo da sua campanha. Depois do autocarro seguiu-se o barco *Azzurra* de Berlusconi, em 2000, o comboio de Rutelli em 2001, até ao Tir amarelo de Prodi em 2006 e o regresso ao autocarro com Veltroni, em 2008.

O «renascimento» da campanha de porta em porta (*door to door*) foi acompanhado pelos princípios do *network marketing*, que pressupõem a capacidade de desenvolver redes de pessoas e de contactos, utilizando uma estrutura piramidal e as possibilidades oferecidas pelas novas tecnologias. O uso de bases de dados, dos telemóveis, das redes de contactos e das trocas de ficheiros através da Rede estão a modificar radicalmente a maneira de fazer campanha e proporcionam novas oportunidades de participação e de

144 MARKETING POLÍTICO

informação. O debate com parentes e amigos é a quarta fonte da decisão de voto (19%), a seguir aos telejornais (69,3%), às transmissões televisivas de aprofundamento (30,6%) e aos jornais (25,4%).

3.4. *Direct e mobile marketing*

As técnicas de segmentação e *microtargeting* trouxeram nova energia às atividades de *direct* e *network marketing* ([26]), que se tornaram componente essencial das campanhas pós-modernas. Em 2002, o Partido Republicano formou uma Seventy-Two-Hour Task Force para contactar com o máximo possível de eleitores nas 72 horas que antecederam a votação [Ubertaccio 2009]. Em 2004, os apoiantes de Bush foram inseridos numa autêntica estrutura de marketing multinível que utilizava líderes de opinião locais, distribuía tarefas específicas e premiava a capacidade de recrutar novos participantes. Os Democratas aprenderam a lição e em 2008 um dos fatores para a vitória foi a estrutura de voluntários dirigida por Plouffe (*Obama for America*), que conseguiu dispor dos endereços de correio eletrónico de quase 13 milhões de pessoas. Um milhão de pessoas deu o seu número de telemóvel subscrevendo o serviço de SMS e cinco milhões criaram uma conta em MyBo, a rede social dedicada à campanha eleitoral de Obama. Através da Rede, o candidato democrata foi capaz de comunicar de maneira eficaz a sua mensagem e de influenciar a cobertura mediática. Basta sublinhar um dado: no momento em que se retirou da corrida eleitoral, Hillary Clinton tinha 76 vídeos no seu canal YouTube enquanto Obama tinha 944. No fim das eleições Obama já registava 1820 vídeos [Gulati 2010].

No dia das eleições, um quarto dos eleitores de Obama estava de alguma forma ligado ao candidato através das redes sociais e

---

([26]) O *network marketing* pode ser também definido *relationship marketing* (marketing relacional) ou *multilevel marketing* (marketing multinível).

dos instrumentos de *network marketing* [Melber 2009]. No dia 17 de janeiro de 2009 (três dias antes de se tornar presidente), Obama anunciou que a organização instituída para a sua campanha eleitoral seria transformada na Organizing for America (OFA), uma estrutura permanente de apoio à atividade do presidente que, embora formalmente inserida na Comissão Nacional do Partido Democrata, teria com este um relacionamento fluido e poderia tornar-se independente, como no caso da MoveOn [Vaccari 2010].

A possibilidade de selecionar atentamente os destinatários e a utilização do correio eletrónico deram um grande impulso às atividades de *direct mailing*. A abertura e encerramento de uma campanha com o convite ao voto são frequentemente confiadas ao envio de comunicações (em papel ou eletrónicas) ao corpo eleitoral e aos seus segmentos específicos. O envio de cartas aos eleitores, tanto no contexto nacional como nos contextos locais, é um dos instrumentos mais utilizados para chegar aos cidadãos e para fazer chegar diretamente a mensagem do candidato. Quanto mais for personalizada a carta mais aqueles que a receberem percecionam o candidato como próximo de si e próximo das problemáticas que mais lhe dizem respeito. Em concomitância com o envio de cartas e de e-mails, a atividade de *telemarketing* permite alcançar os indecisos e mobilizar os próprios eleitores. O telefone permite uma forte personalização da comunicação, rapidez e flexibilidade.

O correio eletrónico e as campanhas *on-line* de marketing viral ([27]) estão a tornar-se uma componente fundamental das estratégias de marketing direto: a mesma mensagem pode alcançar milhares ou mesmo milhões de eleitores em simultâneo. Isto faz com que grandes quantidades de pessoas possam ser contactadas

---

([27]) O marketing viral é um tipo de marketing não convencional que explora a capacidade comunicativa de poucos sujeitos interessados para transmitir a mensagem a um número elevado de utentes finais. O termo nasceu em meados dos anos 90 com Draper Fisher Jurvetson, que utilizou a analogia biológica da difusão exponencial de um vírus.

por candidatos que não seriam capazes de comprar espaços televisivos ou efetuar ações de *direct mailing*.

A difusão do telemóvel está a transformar o *mobile marketing* num instrumento veloz e eficaz de contacto e mobilização. A campanha de Obama utilizou toques de telemóvel com músicas e breves frases do candidato, além de uma aplicação específica para iPhone. Anúncios televisivos convidavam os eleitores a enviarem um SMS com a palavra *hope*. Quem o fizesse recebia instantaneamente um SMS de resposta com o pedido do código postal para permitir identificar a área de residência e posteriores ações de *microtargeting* [Cornfield 2010]. Por SMS e correio eletrónico eram enviadas informações em primeira mão, como no caso da escolha de Joe Biden como candidato à vice-presidência.

Em Itália, o telemóvel é o instrumento mais difundido a seguir à televisão, alcançando 85% do total dos utilizadores [CENSIS 2009]. Por SMS pode-se enviar informações e dar indicações para ações no terreno. O relatório do CENSIS confirma o uso ainda algo limitado do SMS como fonte de informação política (0,9%), mas trata-se de um instrumento com grande potencial; 28,7% dos jovens abaixo dos trinta anos de idade não leem jornais, revistas ou livros, mas usam habitualmente a internet, a televisão, o telemóvel e a rádio. Pouco mais de um terço dos italianos (35,8%) usufrui plenamente do pluralismo dos meios de comunicação social e utiliza-os todos para se informar. Em 2006 a percentagem era de apenas 23,3. Lentamente, também a Itália caminha para a fragmentação mediática que vai exigir a capacidade de usar todos os instrumentos com mensagens adequadas ao meio e ao *target* que se quer alcançar.

Capítulo VI

A política como narração

Faz-se campanha eleitoral com a poesia, mas governa-se com a prosa.

Mario Cuomo, ex-governador
do estado de Nova Iorque

Em política deve narrar-se histórias coerentes, memoráveis e de forte efeito emocional, sobretudo para alguém se apresentar a si mesmo e aquilo que representa. A persuasão política é uma questão de redes e de narrações.

Drew Westen

Os estudos sobre o comportamento eleitoral procuram, desde os anos 40 do século passado, identificar as motivações que levam os eleitores a votar num partido e não noutro, e tentam construir modelos preditivos.

Entretanto, a afirmação da televisão como principal meio de comunicação social mudou profundamente a linguagem da política impondo formatos e lógicas comerciais também na cobertura informativa. Ronald Reagan foi o primeiro presidente a usar plenamente a televisão para reforçar a sua narração, mediante anúncios publicitários e eventos criados *ad hoc* para obter cobertura jornalística. Whirthlin [2005], professor de economia que organizou as campanhas de Reagan de 1980 e de 1984, descobriu que as pessoas se sentiam atraídas pelo presidente republicano porque se identificavam e confiavam nele, apreciando o facto de ele insistir nos valores e não no programa político.

O termo narração (*storytelling*) tornou-se fundamental nas eleições das últimas duas décadas: Berlusconi, Clinton, Bush e Sarkozy usaram-no para transmitir aos eleitores um certo perfil de imagem e uma ideia de país. O encontro entre o marketing e as ciências políticas com a neurociência vai permitir compreender cada vez melhor o funcionamento da mente humana na formação das decisões políticas. Tendo em conta vários estudos recentes, o comportamento eleitoral parece estar muito mais ligado a elementos emocionais do que a elementos racionais.

1. As alavancas do consenso: racionalidade ou emoção?

Com muita frequência são postos em contraposição o programa político e a imagem do candidato, como se a avaliação racional da ação e das propostas políticas fosse alternativa a uma escolha ligada aos elementos emocionais. Nos estudos sobre o comportamento eleitoral podem ser identificados três paradigmas interpretativos [Campus 2001]: a abordagem sociológica (ou *Columbia approach*), a abordagem psicológica (ou *Michigan approach*) e a abordagem económica (ou *economic approach*).

A abordagem sociológica começou com os estudos de Lazarsfeld, Berelson e Gaudet [1944; 1954] sobre as eleições presidenciais norte-americanas dos anos 40 do século passado. As preferên-

A POLÍTICA COMO NARRAÇÃO   149

cias políticas são reconduzidas às características sociodemográficas dos eleitores (em particular ao estatuto económico e à etnia, que inclui como subcategoria o credo religioso). O consenso está mais relacionado com a ligação dos partidos a determinada classe social do que à persecução sistemática dos interesses dos grupos sociais representados [Baldassarri 2005]. A campanha eleitoral tem a função de reativar predisposições latentes e preferências pré-existentes, para além de despertar o interesse pela política.

A abordagem psicológica, ligada ao trabalho de Campbell e colegas [1960], motiva o comportamento eleitoral através de mecanismos psicológicos ativados durante a fase de socialização (em particular no núcleo familiar e nos grupos sociais de pertença). Cria-se, assim, uma ligação afetiva em relação a um partido que faz de filtro relativamente a qualquer avaliação a respeito dos candidatos ou das políticas.

A abordagem económica aplica o modelo da escolha racional ao comportamento de voto [Downs 1957]. Eleitores e partidos movem-se no mesmo espaço ideológico e o eleitor racional escolhe o partido mais próximo dos seus interesses, aquele que é mais capaz de lhe garantir vantagens.

A dificuldade crescente em predizer com eficácia o comportamento eleitoral mediante indicadores como a classe social, a prática religiosa e a região de residência [Itanes 2006] levou à busca de novas abordagens que tenham em conta o comportamento individual e não apenas o comportamento coletivo: os estudos psicolinguísticos, a aplicação da neurociência à política, a classificação individual dos eleitores segundo os estilos de vida são algumas destas novas abordagens.

O papel das emoções foi recentemente objeto de vários estudos e congressos (28) [Brader 2006; Westen 2007], que sugerem

---

(28) A 42.ª conferência mundial da Associação Europeia dos Consultores Políticos (EAPC), realizada em Viena em maio de 2010, teve como título e tema central *Emotions in politics and campaigning* [As emoções na política e na campanha].

que se considere, na escolha de voto, a esfera emocional como formidável atalho cognitivo para os eleitores [Campus 2008]. Para compreender como os eleitores «processam» as informações e a comunicação política convém partir, portanto, do funcionamento do cérebro [Westen 2007; trad. it. 2008, 88]:

A tendência para vermos apenas aquilo que queremos reflete um efeito secundário acidental da evolução do nosso cérebro. Com as ideias, comportamo-nos como com as coisas do mundo que nos rodeiam, aproximando-as ou evitando-as por causa dos sentimentos que provocam, consoante as associações emocionais a elas ligadas. Os mesmos mecanismos que servem de bússola para guiar o nosso comportamento em direções adaptativas também funcionam como ímanes do autoengano, da racionalização e daquele tipo de «raciocínio» enviesado que impossibilita que cerca de 80% da população, incluindo os eleitores mais esclarecidos, tenha um discurso racional em torno das questões políticas.

Do ponto de vista da neurociência, quanto mais uma mensagem for puramente racional, menos provável é que ative os circuitos neuronais que presidem ao comportamento de voto. É por este motivo que Westen afirma que dificilmente prestamos atenção aos argumentos que não suscitam em nós interesse, medo, zanga ou desprezo. Do mesmo modo, tanto os líderes como os programas políticos devem ter implicações emocionais para nós ou para as pessoas que nos são queridas. A comunicação e os discursos mais eficazes são, portanto, aqueles que combinam elementos emocionais e elementos cognitivos. O psicólogo político David Sears, através da análise de duas décadas de sondagens, mostrou que muitas vezes os interesses materiais dos indivíduos têm, surpreendentemente, pouco que ver com os seus modelos de voto [Westen 2007]. Mas então os eleitores votam com base em quê? Identidade cultural e moral, interesse pessoal, posicionamento político e programa político, situação económica global? Segundo Lakoff [2004], as pessoas raciocinam com base num *frame* [enquadramento] e votam mais para afirmar ou defender uma identidade própria do que por interesse e calculismo. Os eleitores votam principalmente por causa

A POLÍTICA COMO NARRAÇÃO

da sua própria identidade, dos seus próprios valores, por causa da pessoa com quem se identificam. Isto não significa que às vezes não possam identificar-se com o seu próprio interesse. Mas todos votam por causa da própria identidade. E só se a identidade e os interesses coincidirem é que votam no candidato que os representa. Para Lakoff «é um erro grave presumir que as pessoas votam sempre em função do interesse próprio» [2004; trad. it. 2006, 39]. Para Westen [2007; trad. it. 2008, 114-155] «as questões políticas que dominam as eleições tendem, por fim, a reduzir-se aos interesses dos eleitores e aos seus valores». No primeiro caso trata-se da resposta a perguntas como: «Isto é para minha vantagem e da minha família?»; no segundo caso, a perguntas como: «Isto, a meu ver, é justo?» As campanhas eleitorais de sucesso são capazes de ativar as emoções latentes tanto no campo dos interesses como no campo dos valores. Nas assembleias de voto os valores tendem a predominar sobre os interesses e isto porque as questões de valor requerem pouco esforço para se tornarem questões emocionais. Os sentimentos que os eleitores têm em relação a um candidato ou a um partido podem portanto tornar-se elemento preditor do resultado eleitoral [*ibidem*, 27]:

> Nas justas circunstâncias também os eleitores que não se interessam muito pela política – e são estes que habitualmente importa conquistar no período eleitoral – refletirão sobre o que ouviram e ponderarão as diferenças entre dois princípios ou duas posições e decidirão, ainda que seja apenas pelo tempo necessário para chegarem a uma conclusão emocional (por exemplo, «Não gosto mesmo nada de fulano»). Mas as justas circunstâncias têm sempre um carácter emocional.

A gestão dos sentimentos positivos e negativos é o elemento mais importante na estratégia de uma campanha política, a qual, para ser eficaz, deve colocar-se dois objetivos principais: o primeiro diz respeito ao partido, o segundo ao candidato.

O partido e os seus princípios devem ser apresentados de maneira a resultarem convincentes em termos emocionais. Para atingir este primeiro objetivo é necessário uma narração coerente sobre o próprio partido e sobre as convicções dos seus membros e, em simultâneo, é necessário apresentar o outro partido e os seus valores de um modo que comprometa a sua capacidade de suscitar ressonância emocional nos eleitores. Ted Brader [2006], partindo da teoria da *affective intelligence* (inteligência afetiva), analisou os anúncios publicitários das eleições presidenciais norte-americanas. O seu estudo concentrou-se, sobretudo, em duas emoções: entusiasmo e medo. A utilização de uma das duas emoções modifica o impacto da comunicação de diferentes maneiras. Um anúncio positivo tende a criar entusiasmo e a encorajar quem já apoia um candidato. Ao mesmo tempo, porém, os eleitores que já apoiam outro candidato tendem a polarizar-se na sua escolha. Os anúncios que apelam a sentimentos como o medo e ansiedade, ao invés, tendem a insinuar a dúvida e a persuadir os eleitores não convencidos. O medo impele os eleitores a darem menos importância às convicções anteriores e a mudarem de voto. O medo pode levar os eleitores a votarem e a aumentarem, assim, a participação no dia da votação. Berlusconi, em 2006, para convencer os eleitores do centro-direita que estavam inclinados a abster-se a irem às urnas, fez uma campanha centrada em sublinhar os lados negativos de uma eventual vitória da União:

> Imigrantes clandestinos à vontade? Não, obrigado.
> Mais impostos sobre a sua casa? Não, obrigado.
> Mais impostos sobre as suas poupanças? Não, obrigado.
> Os «antiglobalização» no governo? Não, obrigado.
> Parar as grandes obras? Não, obrigado.

O elemento mais surpreendente do estudo de Brader é a descoberta de que os mais sensíveis às mensagens emocionais são os eleitores mais informados e «sofisticados» e não, como amiúde se considera, os eleitores menos instruídos e menos atentos à política. Os apelos às emoções, as mensagens positivas, as mensagens negativas e as mensagens comparativas devem coexistir numa estratégia de conjunto que almeja evidenciar os próprios aspetos fortes e

A POLÍTICA COMO NARRAÇÃO

pretende associar os sentimentos negativos aos partidos adversários. O trabalho sobre o partido reveste-se de grande importância «já que a perceção do partido é o primeiro fator que influencia a perceção do candidato» [Westen 2007; trad. it. 2008, 129].

O segundo objetivo diz respeito aos candidatos e à capacidade de maximizar os sentimentos positivos e minimizar os negativos em relação ao próprio candidato (fazendo o oposto com o adversário). Bons exemplos disto são Ronald Reagan, Bill Clinton e Barack Obama. Reagan associou Jimmy Carter ao sentimento de humilhação por causa da questão dos reféns americanos no Irão, enquanto Clinton associou George Bush à ansiedade com o ritmo da economia e a outros sentimentos negativos ligados à incapacidade do presidente cessante em compreender o estado de espírito do norte-americano comum e os seus problemas diários. Ambos associavam a esperança a si próprios. Precisamente a esperança foi, em simultâneo com o lema *Yes we can*, o fio condutor da campanha de Barack Obama, que insistiu constantemente em associar o adversário McCain aos sentimentos negativos que a maior parte dos eleitores americanos tinha em relação ao presidente George W. Bush, chegado ao termo do seu segundo mandato. Reagan, Clinton e Obama tentaram, e conseguiram, impelir os eleitores a tomarem uma decisão sobre aspetos da personalidade e da proposta política que lhes era mais favorável: por outras palavras, o *frame* ou o contexto melhor.

2. *Framing* e contextualização

A capacidade de suscitar emoções está ligada ao uso de imagens, sons e palavras. As palavras têm a função de evocar *frames*, quadros de referência que permitem evocar imagens, mapas mentais e conhecimentos de outro género. As metáforas utilizadas no discurso político fixam o modo como os eleitores enquadram as questões políticas e desempenham um papel importante na formação dos sentimentos a respeito dos partidos e dos expoentes políticos. Cada palavra define-se em relação a um *frame* e também quando um conceito é negado não se pode deixar de evocar esse *frame* [Lakoff 2004; trad. it. 2006, 17].

Durante o escândalo Watergate, quando havia fortes pressões para que se demitisse, Nixon fez uma comunicação televisiva ao país. Apresentou-se à nação e disse: «Não sou trapaceiro». E toda a gente ficou a achar que era mesmo um trapaceiro.

Luntz prefere usar o termo *contexto* em vez de *frame*: «Sem o contexto, não se consegue estabelecer o valor, o impacto e, ainda mais importante, a pertinência de uma mensagem» [2007, 26]. Isto porque as afirmações não têm importância e significado se não forem ligadas a um problema bem identificado, a um desejo específico. Exemplos de *slogan* que captaram plenamente o contexto (o espírito do momento) são *It's morning again in America* da campanha de Ronald Reagan em 1984 e *It's the economy, stupid*, que embora não criado para o público, sintetizava perfeitamente a direção que a campanha de Bill Clinton em 1992 iria tomar, e tornou-se o conselho estratégico mais citado nos manuais e nos cursos de formação [Luntz 2007]. Tão importante como o contexto é a pertinência, ou seja, a capacidade de falar a cada uma das pessoas, de captar a sua atenção com uma mensagem que diz diretamente respeito aos valores, desejos e aspirações pessoais.

O trabalho de Lakoff prefigura-se como uma resposta ao trabalho de Luntz, que tinha inspirado a partir dos anos 90 a viragem comunicativa dos Republicanos, e parte da demolição de alguns «mitos» típicos dos Democratas, ligados à necessidade de pôr as pessoas a raciocinarem e a apostarem em factos e decisões racionais [Lakoff 2004; trad. it 2006, 36]:

> As neurociências ensinam-nos que todos os conceitos que temos – os conceitos a longo prazo que estruturam o modo como pensamos – estão gravados nas sinapses do nosso cérebro. Os nossos conceitos não mudam apenas porque alguém nos narra um facto. Até nos podem ser apresentados factos, mas para que os consigamos interpretar devem concordar com o que já existe nas sinapses do nosso cérebro. Caso contrário, os factos entram, mas de imediato escapam.

A POLÍTICA COMO NARRAÇÃO

São, assim, inúteis os argumentos lógicos baseados em factos e os apelos a não ir contra o interesse próprio. Caso contrário, não se explica o voto dado aos Republicanos por parte de muitos eleitores pertencentes às classes mais desfavorecidas, enquanto os Democratas se esforçavam por sublinhar que as políticas fiscais dos Republicanos favoreciam apenas o 1% mais rico da população. Como já foi evidenciado, ao conceito de interesse deve acrescentar-se o conceito de identidade, que em geral é prevalecente. A mensagem não deve, portanto, simplesmente corresponder a uma série de propostas sobre os temas mais importantes para os eleitores, mas partir de posições ideais baseadas em princípios. Como afirma Westen [2007; trad. it. 2008, 26]:

> Sem dúvida que qualquer mensagem é um apelo emocional aos interesses dos eleitores: aquilo que é melhor para eles e para a família, os seus valores, aquilo que para eles é moralmente importante. A força ou debilidade da mensagem decidem o resultado das eleições.

Isto significa que os eleitores votam no candidato que suscita sentimentos «justos» e não tanto no candidato que apresenta a melhor argumentação. Para Lakoff, a identidade política está ligada à prevalência de dois modelos de progenitor: o modelo do progenitor severo e o modelo do progenitor solícito. Embora todos os eleitores tenham interiorizado (de maneira ativa ou passiva) ambos os modelos, 35-40% das pessoas têm uma visão da política governada pelo modelo do progenitor severo, e uma percentagem de igual dimensão segue o modelo do progenitor solícito. O resto dos eleitores encontra-se a meio caminho: trata-se de pessoas que usam os modelos em contextos diferentes das suas vidas. A chave é, por consequência, a capacidade de conquistar o eleitorado que é mediano relativamente às contraposições axiológicas, levando-o a adotar a nossa visão do mundo e o nosso sistema de valores no que toca às decisões políticas. O *framing* serve, portanto, para estabelecer o «contexto», ou seja, o terreno sobre o qual se irá desenrolar a batalha pelo consenso.

A teoria de Lakoff é fascinante e seguramente algumas das suas indicações são úteis para a definição das mensagens, mas desvaloriza aspetos fundamentais da estratégia política como a importância da campanha eleitoral, do posicionamento sobre os temas e da segmentação do eleitorado [Cacciotto 2006]. Os consultores políticos sabem que o contexto conta e, consequentemente, estruturam a estratégia e os conteúdos [Yvengar 2005]. Desde a presidência Bush que todas as aparições televisivas são acompanhadas por um fundo que comunica a mensagem principal (por exemplo *Winning the war on terror*). Deste modo, os expoentes políticos procuram transmitir o conceito principal a espectadores que, na maior parte das vezes, acompanham distraidamente e sem ouvir as palavras pronunciadas. Dividir o eleitorado simplesmente com base no modelo do «progenitor severo» ou do «progenitor solícito» (com uma parte que adota ambos os modelos) corre o risco de ser redutor se não se levar em consideração indicadores como o índice de aprovação da administração cessante e a situação económica, para além do crescente papel dos meios de comunicação social e dos *pundits*: jornalistas, historiadores e académicos que traduzem as palavras em histórias, e têm a possibilidade de escolher determinado termo em detrimento de outro e, deste modo, modificar a perceção da questão em campo [Luntz 2007]. São os meios de comunicação social e os profissionais quem estabelece o *frame* e o contexto das competições eleitorais.

A expressão «desagravamento fiscal» utilizada pelos Republicanos, por exemplo, sugere que os impostos são algo de negativo, uma aflição: «Quem os eliminar é um herói e quem tentar impedi-lo é um malvado» [Lakoff 2004; trad. it. 2006, 18]. A expressão lançada pelo presidente republicano foi adotada por todos os meios de comunicação social e, por fim, utilizada também pelos Democratas para contrariar as propostas do governo em funções. Deste modo, porém, o Partido Democrata, ao invés de redefinir os termos da questão, aceitou jogar no terreno que era favorável aos adversários. Um terreno preparado por anos de investimento no estudo da linguagem, na preparação de novas propostas políticas e

A POLÍTICA COMO NARRAÇÃO

de pessoas capazes de disseminar a mensagem e os valores conservadores nos vários setores da sociedade, com uma grande atenção aos meios de comunicação social [Diletti 2009].

3. O *storytelling*

A partir dos anos 90, primeiro no mundo empresarial e depois no da política, assistiu-se à difusão de um novo paradigma de marketing e de comunicação definido como *storytelling* e confirmado pela passagem da *brand image* (imagem de marca) para a *brand story* (história de marca). Inesperadamente, o foco deslocava-se da marca para as narrações ligadas à marca, redescobrindo um método de consenso e de legitimação antiquíssimo: «A arte de contar histórias nasceu quase simultaneamente ao aparecimento do homem na terra e representou um importante instrumento de partilha de valores sociais» [Salmon 2007]. Para Roland Barthes, «a narração está presente em todos os tempos, em todos os lugares, em todas as sociedades; a narração começa com a própria história da humanidade; não existe, nunca existiu em lugar algum um povo sem narrações» [1969, 7]. Na política, por outro lado, as ideologias políticas sempre foram transmitidas de geração em geração, e dos líderes aos cidadãos, através de narrações [Westen 2007; trad. it. 2008, 139]. Por que razão, de repente, o *storytelling* se tornou uma abordagem dominante no marketing? Por duas ordens de razão: por um lado, um crescente sucesso no âmbito das ciências sociais, que levou a que se falasse de uma «viragem narrativa» e de «*revival* do *storytelling*» [Salmon 2007]; por outro lado, a necessidade de encontrar novos modos para captar a atenção e manter os consumidores, cada vez mais distraídos e infiéis. O *storytelling* tem a função de mobilizar as emoções através da prática de narrações partilhadas, a capacidade de envolver o cidadão consumidor/eleitor numa relação duradoura e emocional. Vincent [2002] sublinha que as campanhas publicitárias se tornam sequências narrativas, os consumidores tornam-se público, os logótipos são substituídos por personagens. Uma abordagem não apenas adequada às campanhas eleitorais, mas que, segundo Cornog [2004], faz parte da história das eleições presidenciais norte-americanas desde George Washington até aos nossos dias. Desde as origens da República americana os candidatos tiveram de contar aos eleitores histórias convincentes sobre a nação, sobre os seus problemas e, sobretudo, sobre si próprios. Mal foram eleitos tiveram de fabricar uma narração e estar prontos para a mudar, se necessário, para depois, nos anos seguintes ao fim do mandato, acabarem por «reescrever retrospetivamente a narração fabricada» [*ibidem*, 7].

O renascimento e o êxito do *storytelling* na primeira década do século XXI devem muito ao encontro entre narratologia, cognitivismo e neurociências. Em particular, é David Herman [2003] quem pela primeira vez concebe uma visão unitária dos processos cognitivos na base de cada narração ao recorrer a conceitos como esquema e *script*. A teoria do esquema (também definido por *frame*) baseia-se no pressuposto de que cada experiência é compreendida mediante recurso a um modelo estereotipado resultante de experiências semelhantes registadas na memória. Aos esquemas temos de acrescentar os *scripts*, ou seja, autênticos microguiões que permitem codificar o que acontece na sequência de *frames*. Só a aquisição desta dupla competência narrativa é que nos permite agir e interpretar as ações dos outros. Os esquemas e os *scripts* tornam-se as abcissas e as ordenadas das *life stories* [histórias de vida] de que somos diariamente protagonistas ou espectadores, histórias que fazem parte, portanto, da experiência direta diária ou então das notícias jornalísticas, dos romances ou das séries televisivas. A força das histórias está ligada ao facto de cada ser humano, a partir dos três anos de idade, começar a elaborar um estilo de *storytelling*: a memória semântica, que regista os esquemas, permite colmatar as lacunas de informações e classificar a representação mental da situação em que se encontra; a memória episódica ou sequencial, que regista os *scripts*, permite, ao invés, ler os acontecimentos que ocorrem.

Cada história está organizada em torno do desejo de um ator que quer promover ou perseguir um objectivo, apesar dos obs-

A POLÍTICA COMO NARRAÇÃO

táculos e em virtude da planificação elaborada para os remover. James Carville, no documentário *Our brand is crisis* [A nossa marca é a crise], sintetiza, segundo este esquema narrativo, a estratégia de campanha eleitoral ao candidato e respetiva equipa:

> Recorde-se sempre de uma coisa: todos os filmes começam com uma preparação, depois dá-se um conflito e, por fim, uma solução. Costumo ler aos meus filhos as histórias de Winnie the Pooh [...], também neste caso existe alguém que rouba o mel dos outros. Pois bem, o começo do filme é este: a nação boliviana está em crise, eis o conflito. Com as eleições, a nação está numa encruzilhada e eu candidato-me porque quero pôr ao serviço do meu país as minhas capacidades, necessárias para governá-lo e fazê-lo sair deste túnel.

Compreender o papel das histórias na representação da realidade e o funcionamento do cérebro – que perante informações capazes de ameaçar convicções pré-constituídas é capaz de as bloquear chegando a conclusões emocionais – permitiu melhorar a eficácia das mensagens e das narrações políticas. Como vimos, o *storytelling* esteve na base do sucesso da campanha de Obama, mas o primeiro a usá-lo de forma estratégica foi George W. Bush. Na campanha de 2004, foi feito um anúncio televisivo intitulado *Ashley* de apoio à reeleição do presidente. O anúncio foi transmitido 30 000 vezes nas estações locais dos nove estados em que a luta entre Democratas e Republicanos estava renhida. O anúncio, recorrendo a técnicas narrativas para suscitar emoções nos espetadores [Salmon 2007; trad. it. 2008, 96-97], conta a história do encontro entre o presidente e a jovem Ashley, de 16 anos, que perdera a mãe no 11 de setembro:

> numa montagem rápida, uma série de enquadramentos em plano médio apresentam os vários testemunhos das personagens, cujo efeito é o de reforçar a coerência e a credibilidade da narração. O presidente, figura central da narração, não diz nada. Não expõe uma ideia e não apresenta um programa. Todo ele é serenidade e bondade. Mediador de uma espécie de milagre, apenas está pre-

sente através dos testemunhos que referem os seus grandes gestos e os seus discursos, como na vida dos santos e na narração evangélica.

Um anúncio televisivo extremamente eficaz, que foi transmitido nas últimas três semanas de campanha batendo todos os recordes de investimento (6,5 milhões de dólares) e acompanhado de uma intensa operação de marketing: quase 2,5 milhões de desdobráveis enviados, um *site*, milhões de cartas enviadas e uma campanha de chamadas telefónicas automáticas (*robocall*) [Allen 2004]. A derrota de 2004 fui particularmente frustrante para os Democratas. Um dos comentários mais duros foi o de James Carville, que durante uma transmissão de *Meet the Press* [Polletta 2006,VII] se pronunciou nos seguintes termos:

> Os Republicanos dizem: «Vamos proteger-vos dos terroristas de Teerão e dos homossexuais de Hollywood». Nós dizemos: «Somos pelo ar puro, por melhores escolas, por um melhor serviço de saúde». Eles narram uma história, nós recitamos litanias.

Os Republicanos recorriam ao esquema clássico das fábulas e das narrações mitológicas, impelindo os americanos a escolherem entre os bons e os maus, e usavam personagens novas que atualizavam os papéis da eterna representação do desafio do bem contra o mal, como a ameaça, a vingança e a salvação. Para Godin [2005; trad. it. 2006, 129-129]:

> George W. Bush desenvolveu um trabalho extraordinário vivendo a história do líder forte, seguro e infalível. John Kerry tentou vencer com o intelecto e perdeu, pois são demasiado poucos os eleitores que escolhem acreditar numa história incoerente ou pouco compreensível.

A campanha presidencial seguinte tornou-se um desafio entre duas histórias, a de John MaCain, herói da guerra, e a de Barack Obama, jovem senador e emblema de uma nova América. Ganhou

A POLÍTICA COMO NARRAÇÃO

o segundo e, mais do que nunca, os dois candidatos passaram uma parte substancial da campanha a criar uma linha narrativa que ia desde as origens à história pessoal, passando pelas experiências que os tinham tornado candidatos adequados para se tornarem presidentes válidos.

Este desafio entre histórias, embora seja típico das campanhas norte-americanas, contagiou as outras democracias ocidentais e países como a França e a Itália, só para referir dois exemplos, não ficaram imunes. Em 2001, Berlusconi enviou a todos os italianos uma publicação com grandes fotografias intitulada *Una storia italiana* [Uma história italiana], que narrava as vicissitudes pessoais e profissionais do candidato à presidência do Conselho, ligando os seus dotes de empresário e o seu sucesso privado à capacidade de fazer coisas boas para o país. Alessandro Amadori definiu a publicação como um «clássico exemplo de manipulação semântica [...], isto é, a atitude e a habilidade de apresentar a versão ideal de uma situação como se, de facto, fosse a situação ideal» [Amadori 2002, 31]. Segundo este autor, a força de Berlusconi como comunicador reside no uso de expressões breves, lineares e claras, além da sua capacidade de transformar cada narração numa espécie de fábula que dá cor à realidade e contrapõe os bons (os azuis) aos maus (os vermelhos) [*ibidem*, 51]:

> Berlusconi fez-nos entrar na comunicação política do século XXI: mensagens simples, baseadas na busca da utilidade individual, são repetidas infinitamente, e tendem a caracterizar o adversário em sentido negativo.

Em 2007, Henri Guaino, conselheiro de Sarkozy, descreveu da seguinte maneira o seu contributo na campanha presidencial [Salmon 2007; trad. it. 2008, 170]: «A política é escrever uma história partilhada por aqueles que a fazem e por aqueles a quem é destinada. Não se transforma um país sem ser capaz de escrever e contar uma história». Uma declaração que, no fundo, está ligada à descrição da essência das campanhas eleitorais feitas por

Miterrand [29]: «É eleito aquele que conta ao seu povo o pedaço de história que tem vontade de ouvir naquele preciso momento, na condição de ser o herói dessa história».

Aquilo que entretanto pode ter mudado é, provavelmente, o contexto narrativo, que fez os meios de comunicação social franceses descreverem a competição presidencial como um desafio entre duas histórias, contrapondo uma mulher «que pusera em xeque o poder patriarcal dos elefantes do Partido Socialista» e um homem que se fizera intérprete, por um lado, das tradições locais e, por outro, do desejo de rutura com o passado, «filho rebelde do pai Chirac» [*ibidem*, 172-173].

Em Itália, além de Berlusconi, também Nichi Vendola, presidente da Puglia que aspira a tornar-se líder da esquerda, faz uso frequente do termo «história». Após uma campanha em que tinha como *claim* «A poesia está nos factos», Vendola comentou a sua reeleição dizendo que o povo da Puglia tinha premiado «a nossa narrativa» [Schianchi 2010]. Não é casual, em alguns artigos, a sua comparação com Obama, que recorreu extensamente, como já vimos, ao *storytelling*, não apenas para comunicar, mas para formar milhares de pessoas a suscitarem emoções e vontade de fazer obra, ao invés de limitar-se a transmitir simplesmente noções.

4. A política como *format*

A prevalência de um instrumento de comunicação relativamente a outros modificou a linguagem e a narração da política. Enquanto a internet e os novos meios de comunicação social não se afirmam por completo, o formato e a lógica televisiva são ainda predominantes no mundo ocidental: espetacularização, dramatização, personalização e polarização caracterizam a política na

---

[29] Citação feita por Séguéla num congresso organizado por Running e Polix em Roma no ano de 2001.

A POLÍTICA COMO NARRAÇÃO

televisão. Trata-se de um fenómeno definido por Mazzoleni e Sfardini [2009, 13] como «política *pop*», ou seja, uma nova fórmula de política e de comunicação política «de que os meios de comunicação social são os motores, mas de que os políticos são atores entusiastas». O cruzamento entre géneros e práticas discursivas cria uma nova realidade em que as personagens políticas se tornam, graças à televisão, objeto de curiosidade e interesse, tema de debate como se fossem personagens do espetáculo. Trata-se, porém, de uma faca de dois gumes: ao aceitar a lógica do entretenimento, os políticos podem aproximar a sua imagem das pessoas comuns demonstrando que eles também são pessoas comuns e, consequentemente, conseguem compreender os problemas da vida do dia-a-dia (humanização), ou então surgir como autênticas estrelas (ver Clinton e Obama). Todavia, ao utilizarem aspetos da esfera privada na construção da sua imagem expõem-se a ulteriores incursões na esfera privada por parte dos meios de comunicação social. Uma arena aberta a milhões de indivíduos sujeita continuamente os líderes ao risco de perderem o controlo da sua imagem e, consequentemente, ao risco de perderem a própria credibilidade. E a credibilidade é um recurso fundamental que, uma vez perdido, é difícil de reconquistar [Cacciotto 2006].

Os políticos participam cada vez mais em *talk shows* e programas de entretenimento, recorrendo a um estilo mais coloquial, direto e simples. A popularidade deste formato televisivo contribuiu para tornar público o privado, e os políticos estão cada vez mais desejosos de usarem os *talk shows* não políticos para se apresentarem ao eleitorado. A intenção de participar nas eleições presidenciais de 1992 foi anunciada pelo terceiro candidato, Ross Perot, no popularíssimo *Larry King Live*, *talk show* da CNN. Nessa mesma campanha Bill Clinton tocou saxofone no *Arsenio Hall Show*, uma jogada que lhe permitiu recuperar consenso num momento de dificuldade.

A política não só se adequa ao formato televisivo, mas também se torna protagonista de *reality show* como *The People's Candidate*; *American candidate* e *Vote for me* [Mazzoleni e Sfardini 2009;

Novelli 2006]. Nestes formatos, inspirados no *Big Brother*, pessoas «comuns» desafiam-se umas às outras como candidatos virtuais e, em caso de sucesso, são selecionadas para participarem em eleições verdadeiras. Em 2001, uma televisão privada argentina anunciou o *casting* para um programa destinado a escolher o candidato de um novo partido nas eleições de 2003; ao *casting* apresentaram-se mais de 800 possíveis candidatos [30]. No *American Candidate*, transmitido em 2004 nos Estados Unidos, os candidatos eram coadjuvados por verdadeiros especialistas e estrategos da comunicação. O programa, transmitido em dez episódios, punha os onze participantes (selecionados pelo público através do *site* do programa) perante diferentes desafios durante uma viagem eleitoral de autocarro pelos Estados Unidos: por exemplo, fazer um discurso no New Hampshire sobre a guerra ao terrorismo, fazer uma conferência de imprensa sobre economia e emprego na Pensilvânia, realizar anúncios eleitorais na cidade de Washinton. O vencedor do programa inglês *Vote for me*, transmitido em 2005, teve a oportunidade de se pôr à prova numa verdadeira eleição, embora com resultados escassos (ficou com 0,3% dos votos). Em 2006, um político inglês excêntrico [George Galloway] participou na versão inglesa do *Big Brother*, enquanto em Itália, em 2008, Vladimir Luxuria, ex-deputado da coligação Rifondazione Comunista, não só participou em *L'Isola dei Famosi* [A ilha dos Famosos], um *reality show*, como também o venceu.

O trabalho dos políticos e consultores é descrito por uma longa série de filmes, séries e comédias musicais. Entre as séries televisivas a mais famosa é, provavelmente, *The West Wing*, transmitida pela NBC desde 1999 até 2006 e vencedora de dois Globos de Ouro e 26 Emmies. A série, que se passava na Ala Oeste da Casa Branca (daí o título), onde trabalha o *staff* do presidente, conta os problemas diários, as difíceis decisões públicas e privadas do presidente

---

[30] Notícia disponível no endereço da BBC NEWS: < http//news.bbc.co.uk/2/hi/entertainment/2255546.stm >.

A POLÍTICA COMO NARRAÇÃO

democrático Barlet (interpretado por Martin Sheen) e dos seus colaboradores, desde a campanha para a sua eleição até ao juramento do seu sucessor, oito anos mais tarde. A popularidade do presidente Barlet atingiu níveis de tal maneira elevados que alguns políticos pediram a sua ajuda durante campanhas eleitorais a sério.

Como defendem Mazzoleni e Sfardini [2009], a representação mediática da política já não é apenas apanágio do sistema de informação, mas é uma atividade que diz cada vez mais respeito à indústria do entretenimento. O resultado é um híbrido entre espetáculo e informação que criou géneros mistos definidos *infotainment* e *politainment*. No primeiro caso, a informação tem o objetivo de entreter e de ser agradável, as *soft news* tomam o lugar das *hard news* [Dye e Ziegler 1989], ou então os programas de entretenimento ocupam-se de personagens e factos da política. O *politainment* pode, ao invés, dizer respeito a aspetos divertidos da política (como candidatos ou comportamentos bizarros) ou do entretenimento através «da presença da política, de políticos ou de temas políticos nos vários produtos da cultura popular como os filmes, as revistas de *gossip*, *talk shows*, espetáculos teatrais e desportivos e por aí adiante» [Mazzoleni e Sfardini 2009, 31].

A lógica mediática implica uma competição entre os meios de comunicação social, sob pena da perda de público e de lucro. Isto leva os políticos a adaptarem as suas apresentações aos critérios mediáticos [Holtz-Bacha 2003, 89].

> Nos meios de comunicação comerciais a política, assim como outros produtos de comunicação social, deve manter o seu mercado e o seu sucesso, que se mede pelo índice de audiência. A política e os políticos, por isso, devem observar esta regra, significando isso que serão avaliados tendo em conta as suas capacidades de entretenimento.

A esta lógica, atualmente, nem o serviço público consegue furtar-se: o serviço público também deve ter em atenção as audiências e a necessidade de transmitir e criar programas apelativos.

A política adequou-se à lógica televisiva, à necessidade de usar uma linguagem que, por força das circunstâncias, é simplificada, que requer o reforço da mensagem com elementos visuais e sonoros. Não por acaso, o instrumento dominante na maior parte das democracias é o anúncio televisivo [Plasser e Langauer 2009]. Os anúncios televisivos têm uma função sedutora: através de sons, cores, imagens e símbolos geram emoções como a esperança, o entusiasmo, o medo e a ansiedade. A televisão e os anúncios adaptam-se bem às técnicas de comunicação e marketing baseadas na construção de histórias, de narrativas. Como vimos, uma história eficaz tem como protagonista um herói e um ou vários «maus». Reagan inventou a história da *welfare queen* (rainha da segurança social), que tinha comprado um Cadillac graças à generosidade do governo, para apoiar as suas políticas de restrição da despesa pública e fomentar o ressentimento dos americanos contra o Estado social [Salmon 2007]. Bill Clinton, eleito presidente em 1992, nomeou para chefe da comunicação da Casa Branca David Gergen, que já tinha desempenhado essas funções com o presidente Reagan. Não foi por acaso que Clinton foi um grande narrador, capaz de criar empatia com os norte-americanos e de construir a sua corrida à presidência a partir da história de um rapazito que sai de Hope, uma aldeia do Arkansas, e tem a oportunidade de apertar a mão ao presidente Kennedy, encontro que o faz decidir dedicar-se à causa pública (informações presentes no anúncio televisivo da campanha presidencial de 1992]. Na autobiografia de Clinton [2004], a palavra «história» surge com frequência e a política tem a função de «dar às pessoas a possibilidade de melhorarem as suas vidas». O livro termina com «a meu ver, é uma bela história e foi um prazer narrá-la».

Em conclusão, usar o *storytelling* para governar representa um risco se, na busca de uma história forte, se aceitar uma dramatização excessiva, que conduza à mobilização e à polarização dos eleitores. Um método, talvez, eficaz em campanha eleitoral, mas difícil de aplicar assim que se chega ao governo. Trata-se de um fenómeno que diz respeito à maior parte das democracias ocidentais,

A POLÍTICA COMO NARRAÇÃO

mas que é particularmente evidente em Itália. Nos últimos quinze anos, Berlusconi e Prodi conseguiram ganhar campanhas eleitorais mais por terem juntado eleitores e forças políticas contra um adversário do que por partilharem um projeto comum. Contudo, chegado ao poder é preciso manter unida a coligação e construir consenso através da atividade de governação. Quando não caíram antes do tempo, os governos em questão encontraram sempre dificuldades e foram derrotados nas eleições seguintes. Neste ponto, a pergunta a que se deve responder é: «Pode o marketing político ajudar a governar?»

Capítulo VII

Fast Politics

Ao planificar uma estratégia para a administração é importante reconhecer que se pode separar política e governo [...] essencialmente, a minha tese é que governar com o consenso público requer uma campanha eleitoral contínua.

PATT CADDELL, 1976, memorando estratégico
para o presidente Carter

Governar é fazer crer.

NICOLAU MAQUIAVEL, *O Príncipe*

A busca de consenso, independentemente do grau de profissionalismo, é uma atividade permanente, que nunca termina: começa no dia seguinte às eleições e termina na véspera das novas eleições:

> Uma continuidade obrigada pela necessidade, de quem venceu, de legitimar o consenso alcançado através da promoção e da comunicação da ação de governo e, da parte de quem está na oposição, de dar a conhecer a sua voz, contrapondo e mediatizando as suas contrapropostas políticas [Bendicenti 2005, 110].

Com as campanhas que se alongam cada vez mais, tornando-se permanentes, e as transformações introduzidas pela mediatização da política, o consenso dos cidadãos revela-se recurso fundamental não apenas durante a campanha enquanto tal, mas também na condução da atividade de governação comum.

A presença de canais que transmitem notícias 24 horas por dia e a rápida difusão que as mensagens e as informações conseguem ter através da internet e dos telemóveis impõem um novo tipo de política que aqui definimos *fast politics*: capacidade de responder rapidamente aos ataques políticos ou a notícias difundidas pelos meios de comunicação social; uso dos meios de comunicação social não apenas para difundir a mensagem, mas também para envolver os cidadãos; personalização da comunicação e divisão dos eleitores por estilos de vida. As novas tecnologias estão a reduzir drasticamente o tempo que passa entre envio e receção de uma mensagem. Ao mesmo tempo também se reduz o limiar de atenção e a paciência dos cidadãos. Este facto levanta novos desafios às instituições e aos políticos assim que chegam ao governo.

1. Campanha permanente e dinâmica do consenso

Na política pós-moderna, presidentes e primeiros-ministros dos países democráticos sentem as dificuldades em passarem do *campaigning* (estar em campanha) para o *governing* (governar) mantendo o apoio que permitiu a vitória eleitoral. O *campaigning* e o *governing* têm características diferentes: o primeiro é um exercício de persuasão, é dialético e focado em decisões específicas a tomar em função do objetivo final, ou seja, a vitória eleitoral; o segundo concentra-se na deliberação, é colaborativo e não tem um objetivo último, mas é um processo duradouro. Por outro lado, parece ser característica comum à maior parte dos governos ocidentais a quebra no consenso nos meses seguintes à eleição. A este propósito, Hermann Schmitt [2004] evidenciou, mediante uma série de análises comparativas, que nos países ocidentais se assiste, no período que decorre entre duas eleições políticas, a uma configuração em forma de curva no andamento do consenso para com o governo: depois de um «estado de graça» inicial, o consenso tende a diminuir progressivamente, até tocar o nível mais baixo a meio do mandato, para depois subir de novo no período de aproximação às eleições políticas seguintes. O nível de crescimento do consenso, o contexto geral e a eficácia da oposição concorrem para o resultado final da nova competição eleitoral. Por este movimento torna-se importante a capacidade de comunicar o trabalho desenvolvido, de motivar e mobilizar os eleitores que permitiram a vitória nas eleições anteriores. Atividade que não pode ser adiada para o período eleitoral nem para o período que o antecede em pouco.

Em 1976, Patrick Caddell, *pollster* e conselheiro do recém-eleito presidente Jimmy Carter, foi o primeiro a sugerir a utilização de uma nova estratégia de governo: obter o apoio da opinião pública através de uma campanha política contínua [Duilio 2009]. Um novo modo de fazer política e de conceber o relacionamento entre instituições e cidadãos que Sidney Blumenthal definirá como «campanha permanente»:

> uma ideologia política da nossa época, que combina a criação de imagem e o cálculo estratégico. Na campanha permanente a governação transforma-se numa campanha eleitoral perpétua e converte o governo num instrumento de apoio da popularidade dos eleitos [1980, 23].

A expressão indica o carácter «eleitoral» de toda a ação política, seja ela dos partidos ou dos governos, também durante os períodos normais de legislatura. A atividade de *policy making* tem, para Blumenthal, a função de apoiar a popularidade dos eleitos com o resultado de reduzir as diferenças entre a atividade da campanha e a atividade de governação. As duas atividades sucedem-se uma à outra sem solução de continuidade, configurando o processo político como um percurso cíclico, em que o final da campanha eleitoral marca o início dos trabalhos para a seguinte [Vaccari 2007].

Vários fatores estruturais e mudanças contribuíram para a ascensão das campanhas permanentes. Entre eles o declínio das organizações partidárias, a extensão da duração das eleições primárias, ou melhor das pré-primárias ([31]), e o crescente papel da tecnologia e dos *new media* [Ornstein e Mann 2000]. Com a campanha permanente obtém-se, assim, a extensão das atividades de comunicação e a busca contínua do consenso também em períodos não eleitorais, transformando «cada dia no dia da votação» [Heclo 2000, 17].

Não é por acaso que a campanha permanente se afirmou primeiro nos Estados Unidos, que têm um sistema político «separado» [Neustadt 1991] em virtude do qual as decisões devem ser concertadas entre dois órgãos diferentes e em plena autonomia: por um lado, o órgão executivo (Presidente) e, por outro, o órgão legislativo (Congresso). Se a isto juntarmos a possibilidade de haver um governo dividido – o Presidente de um partido e a maioria no Congresso do partido adversário – compreendemos a necessidade de estratégias e ações especiais para conquistar apoio parlamentar. O sistema institucional norte-americano é, frequentemente, cenário de conflitos ásperos em que a presidência, o Congresso e os grupos de interesse se enfrentam e, na busca do consenso, usam os meios de comunicação social como campo de batalha. O resultado dos conflitos é muitas vezes o bloqueio do processo legislativo, que os atores envolvidos procuram resolver através da mobilização e do apoio da opinião pública (ou de partes dela). Assiste-se, portanto, cada vez mais, a uma competição para conquistar a atenção dos meios de comunicação social e conseguir transmitir, a diferentes *targets* públicos, mensagens estudadas para os convencer a apoiar as suas propostas.

([31]) Enquanto as primárias se desenrolam num período definido que tem início, tradicionalmente, com o *caucus* no Iowa, o período das pré-primárias diz respeito à formação das comissões exploratórias e às primeiras movimentações dos potenciais candidatos. Estes, atualmente, arrancam um ou dois anos antes do início das primárias [Johnson 2006].

Neste contexto, as campanhas permanentes tornaram-se *climate oriented*, ainda mais centradas no *framing* da campanha através da construção de climas de opinião (*news management, virtual-polling*, produção de eventos, comunicação política indireta) do que nas mensagens propriamente ditas [Grossi 2003]. Os conceitos de *agenda setting* e de *framing* estão estritamente ligados: evocando de maneira coerente um *frame* específico, o sujeito exerce um controlo eficaz sobre a discussão e sobre a perceção do tema.

Os *frames*, de facto, definem o problema, identificam-lhe as causas, propõem juízos morais e sugerem soluções [Entman 1993, 52]. Cuidar do *framing* de uma campanha torna-se elemento fundamental para a eficácia da mesma: conforme for apresentada a mensagem, as atitudes do eleitorado podem ser modificadas, inclusivamente num breve período de tempo [Vaccari 2007].

Um caso de estudo são as tentativas de reforma no âmbito da Saúde de Franklin Delano Roosevelt em diante. É, até, interessante comparar o insucesso de Bill Clinton e o sucesso de Barack Obama, o qual – primeiro presidente na história dos Estados Unidos – conseguiu fazer aprovar o seu projeto-lei em matéria de Saúde (embora fosse diferente em relação aos propósitos iniciais de extensão da cobertura dos serviços de Saúde a todos os norte-americanos). Após a vitória eleitoral de 1992, Bill Clinton confiou à mulher, Hillary, a tarefa de presidir a uma comissão que devia elaborar uma proposta de reforma na Saúde. Em setembro de 1993, Clinton introduziu, num discurso à nação, a sua proposta de reforma falando de *Healthcare Security* para evocar uma ligação positiva com o sistema de reformas (*Social Security*). A proposta, num primeiro momento, suscitou uma reação positiva por parte da opinião pública. Todavia, seis meses mais tarde o apoio havia descido para 40% e a um ano de distância do discurso de Clinton a reforma foi retirada sem ter sido submetida a votação. O que aconteceu? Os republicanos e os grupos de pressão conseguiram redefinir os termos do debate, fazendo prevalecer os interesses pessoais relativamente aos interesses gerais, ou seja, privatizaram a questão [Loomis 2000]. As associações de Seguradoras de Saúde e das pequenas empresas investiram a quantia considerável de 60 milhões de dólares numa campanha publicitária televisiva intitulada *Harry e Louise* ([32]). Os dois protagonistas discutiam, preocupados, sobre uma reforma que lhes reduzia a liberdade de escolha e que «iria produzir uma burocracia de mil milhões de dólares». Os Republicanos utilizaram argumentos que, segundo Lakoff, são típicos do «pai severo» [Lakoff 2004]: dar ao próximo algo que não se conquistou não é apenas contraproducente para a sociedade, mas também é uma violação da ordem moral natural. A realidade não deve ser falseada por intervenções do Estado, já que só o mercado livre pode garantir o bem-estar. Liberdade de escolha, responsabilidade individual, sentimentos negativos para com as burocracias estatais e reativação do estereótipo «Democratas = gastos e despesa» levaram a melhor sobre o projeto de Clinton.

No caso da reforma proposta por Obama, o esquema de ataque dos opositores foi muito diferente, um esquema orientado para enquadrar «a questão da Saúde» de maneira a fazer prevalecer a visão liberal contra a burocratização proposta pela esquerda, e a convencer a opinião pública de que a mudança defendida pelos progressistas podia ameaçar diretamente a cultura e os valores americanos. Na sua argumentação os Republicanos defenderam que o projeto da Casa Branca levaria à criação de comissões da morte (*death panels*) chamadas a decidir se e quando praticar cuidados particularmente caros aos doentes terminais. Por indicação de Frank Luntz a oposição construiu os seus discursos insistindo em conceitos como *Washington takeover* (a tomada de Washington), *setting standards of care* (padrões de saúde impostos), *waiting lists* (listas de espera). O plano de Obama foi apresentado como prelúdio de uma viragem socialista para o país, incompatível com a tradição liberal americana.

([32]) É interessante notar que os dois protagonistas do anúncio publicitário 15 anos mais tarde participaram numa nova versão, só que desta vez em favor da reforma proposta por Barack Obama.

Tudo isto, mais uma vez, pôs na defensiva os proponentes da reforma. Obama tentou usar o *storytelling* para criar uma necessidade partilhada, para socializar o objeto do conflito. Recorrendo a histórias pessoais, propôs aproximar o problema da saúde à vida concreta das pessoas, tentando assim mobilizar a opinião pública em favor da reforma. O presidente não hesitou em fazer uso da sua história pessoal para justificar a importância e o carácter inelutável de uma reforma do setor da saúde: já no anúncio publicitário de 30 minutos transmitido a poucos dias da votação, o público tinha visto um candidato comovido ao referir-se ao episódio da mãe doente, atormentada nos últimos anos de vida pela luta contra uma seguradora que recusava cobrir os custos dos seus cuidados médicos. Em agosto de 2009, durante um encontro em Portsmouth, no New Hampshire, Obama voltou a partilhar a sua experiência com os cidadãos que intervieram. Noutras ocasiões, narrou, ao invés, dois momentos em que temera pela saúde das suas filhas (suspeita de meningite, no caso de Sasha, e crises de asma no caso de Malia), que fizeram com que ele amadurecesse a convicção da necessidade de garantir a todos os cidadãos um bom nível de cuidados de saúde. Juntamente ao *storytelling*, Obama ativou uma campanha de informação baseada na seguinte argumentação: «We have to reform health care because we can't afford not to» («Temos de reformar o sistema de saúde pois já não é sustentável não o fazer»). A escolha de ligar a reforma da saúde à crise do país reflete-se na presença da palavra *affordable* (sustentável) em todos os textos em análise no Congresso, precisamente porque seria sobre este princípio que o novo sistema se deveria basear. O presidente recorreu a números e estatísticas para justificar a necessidade da reforma, mas não conseguiu tranquilizar a população perante as muitas vozes negativas sobre os conteúdos reais da proposta que a frente opositora à mudança pôs a circular.

No final do verão de 2009 Obama teve de enfrentar uma queda de popularidade de cerca de dez pontos percentuais e uma duríssima oposição que culminou no *Tea Party day*, organizado a 12 de setembro em Washington. Não pareciam suficientes os apelos bipartidários nem a tentativa de fazer prevalecer o sentido de responsabilidade e de ativar uma interpretação sistémica que habitualmente faz considerar útil a intervenção governativa, mesmo que implique custos para a coletividade. Por este motivo, Obama decidiu mudar de estratégia para evitar que, como no caso de Clinton, prevalecesse a ideia de um governo implicado em questões da pertinência de cada indivíduo e do mercado. O *staff* presidencial organizou uma ofensiva mediática sem precedentes, uma autêntica maratona televisiva capaz de monopolizar a atenção dos meios de comunicação social americanos: sexta-feira, 19 de setembro, Obama dá cinco entrevistas de quinze minutos cada a outras tantas grandes estações do país (ABC, CBS, NBC, CNN e UNIVISION), que são transmitidas no domingo seguinte a breve distância, senão mesmo em simultâneo. Passados poucos dias, Obama regressa ao pequeno ecrã de uma forma inédita: pela primeira vez um presidente participa no popular *Late Night Show* da CBS conduzido por David Letterman. Após algumas piadas iniciais sobre as filhas, Obama orienta a conversa sobre os temas de política interna e, em particular, sobre a reforma da saúde. O presidente responde com desenvoltura às perguntas sobre as reações duras que o projeto suscitou. Beneficia da atmosfera informal e irónica e, ao responder a uma pergunta do apresentador sobre o facto de que, segundo uma opinião difusa, por detrás dos ataques à reforma se esconda o espetro do racismo, diz uma piada que desencadeia as gargalhadas do público: «Em primeiro lugar, acho que pode ser importante perceber que antes de ser eleito eu já era preto». Letterman não deixa passar a ocasião e pergunta: «A sério? E há quanto tempo é preto?», dando origem a uma piada que rapidamente dà a volta ao mundo através dos telejornais e da internet.

Apesar da maioria de que beneficiava nas duas câmaras do Congresso, Obama teve de recorrer a uma mobilização através da Rede e utilizou o meio televisivo para se dirigir diretamente aos eleitores. A televisão permitiu-lhe falar ao público menos informado, mais difícil de alcançar. Por fim, após várias vicissitudes, em março de 2010 conseguiu obter o histórico voto positivo de ambas as câmaras do Congresso e assinar a lei. O contexto diferente, uma poderosa organização de ativistas mobilizados através da Rede e uma campanha com características eleitorais conduzida diretamente pelo presidente permitiram a Obama ter êxito onde outros fracassaram. As estratégias mediáticas para influenciar a cobertura jornalística e dirigir-se diretamente ao público revelaram-se indispensáveis.

2. *Going public*

A omnipresença dos meios de comunicação subtraiu aos políticos, meios de comunicação social e especialistas a exclusividade da discussão sobre a agenda política. Os meios de comunicação social podem desempenhar o papel de campo de jogo, de árbitros e de jogadores: são os meios de comunicação que aplicam, na maior parte dos casos, os *frames* à discussão, não os políticos ou os seus especialistas de comunicação. O sistema mediático é capaz de sugerir não tanto o que pensar, mas os argumentos merecedores de reflexão, intervindo tanto na determinação da agenda do debate público como na determinação da agenda da política, com a qual se cria uma relação de interdependência recíproca [Mazzoleni 2004].

Não é por acaso que o elemento mais significativo das estratégias comunicativas dos presidentes norte-americanos das duas últimas décadas foi sem dúvida a tentativa constante do *staff* da Casa Branca em conquistar o favor do público através dos meios de comunicação social [Rizzutto 2000]. A televisão e os jornais são cada vez mais a arena da política «partidária» e o terreno da luta pela conquista do consenso. Nos Estados Unidos, os presidentes foram progressivamente ampliando a comunicação dirigida diretamente aos eleitores mediante uma estratégia definida como *going public*, que tem por objetivo mobilizar os cidadãos para que exerçam pressões sobre os parlamentares para os fazer aprovar medidas específicas [Kernell 1997]. Trata-se, em substância, de uma «praxis comunicativa que procura aproveitar as oportunidades oferecidas pelos meios de comunicação social para introduzir mudanças nas relações de força entre a presidência, as outras instituições de governo e os cidadãos [Amoretti 1997, 62]. Como vimos com a campanha permanente, *campaigning* e *governing* estão formalmente separados, mas na realidade tendem a fundir-se. Durante o mandato de governo recorre-se a instrumentos e a especialistas de campanha eleitorais e organizam-se campanhas de comunicação respeitantes à ação do governo para conquistar apoio (e preparar a recandidatura). Os dois processos, em última análise, têm o mesmo objetivo: o consenso. Através de um apoio difuso, que está na base da popularidade, utiliza-se o *going public* para produzir aquele apoio específico sobre o qual se baseia o consenso necessário para a atividade de governação. Tenta-se superar, assim, a tradicional dicotomia entre popularidade e consenso. A popularidade depende da apreciação pessoal, da situação da economia e de como são geridas eventuais crises internas ou externas. É fundamental para se ser eleito. O consenso, ao invés, indica «a capacidade de obter apoios ativos em diferentes ambientes com a finalidade de garantir a aprovação das políticas económicas e sociais [...] e compor os interesses em torno dos *issues* importante da agenda» [Roncarolo 1994, 10]. Enquanto a popularidade é geral e depende sobretudo dos resultados da governação, o consenso é específico e diz respeito às medidas a tomar sobre os problemas da ordem do dia. Numa sociedade mediatizada, o sucesso de um chefe de governo está cada vez mais ligado à capacidade de transformar a popularidade em consenso. E isto pode ocorrer mediante uma pressão direta exercida pelos cidadãos, que resulta mais eficaz se for apoiada por outros atores políticos institucionais que se ativam para defender as políticas do chefe do governo. Mas o *going public* também se pode revelar uma faca de dois gumes: se um presidente (ou primeiro-ministro) aproveitar a popularidade para pressionar outros sujeitos com quem partilha o poder pode, no caso de insucesso, fragilizar a sua posição e expô-lo a futuros ataques [Vaccari 2007].

3. A política veloz

Como vimos, a campanha permanente não diz apenas respeito a quem está no governo, mas implica de maneira crescente a interação das estratégias de vários atores que competem pela visibilidade, poder e influência na esfera pública. Tais atores defrontam-se numa arena que «no seu conjunto [...] se tornou mais turbulenta, menos previsível, menos estruturada e mais difícil de controlar» [Blumer e Kavanagh 1999, 211]. Um contexto que requer a capacidade de responder rapidamente a eventuais ataques ou a notícias difundidas pelos meios de comunicação social. Por este motivo é importante estar preparado, não apenas para responder rapidamente, mas também para enfrentar emergências resultantes das fragilidades do candidato ou de erros cometidos no passado.

O marketing político torna-se um instrumento fundamental para contrastar a crescente instabilidade do governo numa arena política altamente competitiva e mediatizada que primeiro exige ser-se popular para vencer as eleições e depois põe à prova a popularidade na tentativa de concretizar as promessas eleitorais. A campanha permanente não é, com efeito, suficiente para resolver a dicotomia entre popularidade e consenso se não for suportada por um complexo conjunto de instrumentos de análise e comunicação destinados a compreender bem o contexto geral, os desejos e as necessidades dos eleitores, e a perceção do trabalho desenvolvido.

A importância dos instrumentos de *marketing intelligence* foi diretamente confirmada por Silvio Berlusconi na fase final do discurso de 29 de setembro de 2010, em que pedia ao parlamento um voto de confiança sobre cinco pontos programáticos específicos [33]:

> Caros colegas, estou convencido de que é do absoluto interesse do nosso país, neste momento de crise que ainda não terminou, não

---

[33] Relatório estenográfico disponível no *site* da Câmara dos Deputados: < www.camera.it/668?idSeduta=375&resoconto=stenografico&indice=completo&tit=0 >

corrermos o risco de ter um período de instabilidade. É necessário fazer um esforço para que tal não aconteça. Li esta noite o resultado de alguns *focus groups* que dizem que os italianos, em grande parte, não se decidirão a votar, na eventualidade de serem chamados a fazê-lo, se virem as forças políticas em conflito num momento tão necessitado, em vez de um conjunto de forças a colaborarem para sairmos da crise Portanto, consideramos importante fazer todos os esforços para que tal não venha a acontecer.

Os resultados dos *focus groups* sugeriam e justificavam a escolha de não se ir a votos e de fazer tudo o que fosse possível para prosseguir com a legislatura, sob pena de punição por parte dos eleitores.

A *fast politics* requer um repensar radical da maneira de fazer política, de responder aos pedidos dos cidadãos e de enfrentar os problemas sociais e económicos. Segundo o especialista de geopolítica Joshua Cooper Ramo [2009; trad. it 2009, 25]:

> Retoques mínimos nas políticas atuais, aumentar o número de instituições, que já estão a ruir, levarão à inevitável e frustrante difusão do fracasso. E tudo isto acontecerá rapidamente. Uma das várias coisas de que os nossos líderes parecem carecer é a compreensão da surpreendente rapidez com que se expande a epidemia de mudanças: um banco vai à falência, depois mais cinquenta; [...] um computador ou uma criança contrai um vírus e a velocidade do contágio torna-se incompreensível. A vastidão dos desafios que temos de enfrentar, os inquietantes fracassos que provavelmente nos esperam e a incapacidade de gerirmos os problemas de maneira eficaz mediante modos de pensar ultrapassados levar-nos-ão, sem dúvida, a pôr em causa muitos valores fundamentais da sociedade, entre os quais a forma de governo e, até, a própria democracia. Semelhante repensar é importante e legítimo. Mas só deve acontecer em condições de segurança e confiança. Atualmente, não temos nem uma nem outra e esta fundamental ausência poderá conduzir a enganos terríveis.

Para compreender o contexto atual, que requer a capacidade de dar novas respostas e de o fazer de maneira rápida, serve, portanto, uma mudança de perspetiva. A queda de consenso de Barack Obama após os dois primeiros anos de mandato pode ser explicada pela desilusão criada por expetativas demasiado elevadas: os moderados acusam-no de ser demasiado de esquerda, os liberais de ser demasiado moderado. As reformas que implementou não foram suficientes para um candidato que gerou expetativas «revolucionárias» e que, durante a campanha, declarou ([34]):

> Temos uma escolha a fazer: podemos fazer as mesmas coisas de sempre com a mesma gente de sempre, da mesma maneira de sempre e ficarmos à espera de alcançar um resultado diferente. Ou podemos avançar e experimentar algo completamente diferente. Vocês e eu, juntos, mudaremos este país e mudaremos o mundo.

O lema *A change we can believe in* («Uma mudança na qual podemos acreditar») também pretende criar expetativas e estas fazem parte do esquema de Stephen Denning [2007] para elaborar histórias capazes de gerar uma ligação pessoal e emocional com um público: um líder político deve, antes de mais, chamar a atenção, depois estimular a vontade de mudança e, de seguida, reforçá-la mediante argumentações racionais. O líder político, segundo Denning, deve oferecer soluções plausíveis e que prevejam um *happy end*. O problema de Barack Obama (mas também da maior parte dos líderes ocidentais) é que os eleitores têm cada vez menos paciência e se não veem (ou não percecionam) resultados rapidamente retiram o seu apoio.

Por este motivo, o político, chegado ao seu cargo, não deve esquecer a história que lhe permitiu vencer as eleições: «Uma história nascida certamente das suas convicções, mas constantemente posta em causa, nos seus desenvolvimentos, por um cenário que de facto partilha com o seu público» [Séguéla 2010, 122]. A mesma mudança que ocorreu nas séries televisivas também está a ocorrer na política. Basta ver uma produção de há trinta ou quarenta anos e verifica-se que o tempo e o ritmo mudaram drasticamente, já que agora são muito mais prementes e velozes. Para Séguéla

---

([34]) Anúncio televisivo que continha trechos dos discursos de campanha.

[*ibidem*, 126] «o dinamismo, o entusiasmo e a energia tornaram-se virtudes irrenunciáveis do poder». A política deve, portanto, ser capaz de adequar os seus ritmos a uma sociedade e a um progresso tecnológico que evoluem a uma velocidade crescente. Para governar é necessário compreender esta constante aceleração das transformações e das expetativas.

O perigo da *fast politics* está relacionado com o risco de limitar o debate às respostas imediatas e de fazer prevalecer a prontidão sobre a capacidade de visão de médio e longo prazo. Por outro lado, ser rápido não significa ser banal. A clareza, a prontidão, a velocidade e o conhecimento do funcionamento e das potencialidades dos meios de comunicação são elementos fundamentais, não apenas para vencer eleições, mas também para governar. Nesta fase de passagem do predomínio absoluto da televisão para a fragmentação e para a crescente importância da Rede (que vai aumentar com o progressivo incremento da quota de população «nascida na era digital»), coexistem formas de comunicação *broadcast* e *narrowcast*. Todavia, o contexto mais adequado para a *fast politics* é o da Rede e dos meios de comunicação digitais, que permitem enviar milhões de mensagens em simultâneo (potencialmente uma diferente da outra para se adequarem a cada destinatário), de receber *feedback* imediato e de dar vida a um processo virtuoso de escuta e partilha. Ao mesmo tempo, é evidente que os próprios meios têm um potencial enorme para dar vida a campanhas de desinformação, manipulação e linchamento mediático; atualmente (mas no futuro ainda mais), este facto requer uma intensa atividade de *intelligence* e o recurso continuado e não apenas episódico a especialistas.

4. O marketing como instrumento de governação

O marketing político é erradamente relacionado apenas com a campanha eleitoral (mesmo que permanente) e não com a definição de políticas públicas eficazes e a responsabilização pelo trabalho desenvolvido (*accountability*). Para demonstrar uma orientação para o mercado, os políticos no governo devem encomendar estudos e atividades de *intelligence* para conhecerem o melhor possível a opinião pública e desenvolverem tomadas de posição e políticas que respondam às preocupações públicas [Lees-Marshment 2009b]. Não se trata, naturalmente, de dar simplesmente a cada um o que cada um quer, mas de tentar satisfazer a procura do mercado enquanto se tentam satisfazer os objetivos próprios (entre os quais o de vencer novamente as eleições).

A construção do consenso passa, portanto, pela capacidade de desenvolver um sistema de gestão das relações e políticas públicas eficazes. O desenvolvimento de políticas públicas eficazes, num contexto em que os cidadãos-eleitores querem ser cada vez mais ouvidos e poder dar a sua opinião, não pode limitar-se ao trabalho desenvolvido de portas fechadas por especialistas e intelectuais [Cacciotto 2006]. Por este motivo, partidos e representantes políticos lançam campanhas de auscultação destinadas a envolver os cidadãos e, no fundo, a demonstrar atenção para com eles. *Big Talk* (Labour inglês), *Fabbrica* (Prodi e Nichi Vendola), *Obama for America* (Barack Obama) são tudo fórmulas para envolver os cidadãos na formulação do programa político, que podem, depois, tornar-se um instrumento permanente de partilha e participação. A Rede e as redes sociais permitem que as pessoas se liguem umas às outras apesar da distância física e que se formem comunidades baseadas em temas específicos e estilos de vida. A presidência de Obama começou com grandes expetativas também a respeito da inovação na campanha permanente: as redes sociais e as bases de dados construídas durante a campanha eleitoral foram usadas como instrumento de participação, envolvimento e consenso no decurso do mandato presidencial. Algumas iniciativas foram nesta direção, como a decisão de transmitir o tradicional discurso radiofónico do sábado no YouTube, mas Obama teve dificuldade na transição de um modelo de campanha eleitoral como *outsider* para uma presidência que busca o apoio bipartidário.

Por vezes, é necessário usar estudos e pensamento estratégico para elaborar propostas políticas capazes de obter o favor não apenas da opinião pública, mas também dos parlamentares não pertencentes à maioria. Dick Morris desenvolveu em 1994 para o presidente Bill Clinton uma abordagem de «triangulação» para ultrapassar o impasse resultante de uma sólida maioria republicana no Congresso na sequência das eleições de *mid-term* [Worcester e Baines 2006]. O conceito de fundo era construir uma terceira posição que não representasse uma simples síntese, mas se colocasse acima das posições de Democratas e Republicanos: «Triangulate, create a third position, not just in between the old positions of the two parties but above them as well» [Morris 1997, 79-87] [35]. Para terem sucesso, as propostas de políticas públicas devem combinar os melhores elementos das posições de cada partido, de maneira a que os tradicionais eleitores de ambas as forças políticas se sintam reconhecidos nelas e não lhes retirem o seu apoio. Foi, por exemplo, elaborada uma posição que superava o corte fiscal para a «classe média» proposto pelos Democratas e o corte «para todos» proposto pelos Republicanos, posição que foi testada precisamente através de estudos e *focus groups* com o intuito de lhe dar uma forma melhor. Através da empresa PBS (a mesma utilizada por Berlusconi em 2006) foi pedido aos eleitores quais os cortes nos impostos que preferiam. O resultado foi uma proposta de cortes dirigida àqueles que aceitavam assumir a responsabilidade pelo seu próprio futuro (por exemplo, os estudantes que pediam um empréstimo para os estudos universitários e quem poupava para a reforma).

Em medida crescente as forças no governo utilizam vários instrumentos para tentarem comunicar o andamento do programa e a concretização das promessas eleitorais: relatórios anuais, *newsletters*, *sites* na internet e *apps* para *tablets* e *smartphones*. Durante o mandato, os consultores podem ter de utilizar técnicas de *image management* [gestão de imagem] usadas na campanha eleitoral para lidar com escândalos e insucessos na concretização do programa.

---

[35] «Triangular, criar uma terceira posição, não entre as velhas posições dos dois partidos, mas acima delas».

FAST POLITICS

Foi o caso de Bill Clinton, cujos consultores tiveram de enfrentar uma série de escândalos de cariz sexual e um pedido de *impeachment*. O mesmo aconteceu, recentemente, em Itália com Berlusconi (separação da mulher e o escândalo das acompanhantes de luxo) e Fini (apartamento em Montecarlo).

Branding e *framing* podem ser imagens utilizadas para sustentar a atividade de governação e políticas específicas. Habitualmente são usadas referências a valores universais como a justiça, a equidade e a liberdade; ou então procura-se ganhar o consenso de grupos específicos através do recurso ao interesse geral e particular. O projeto global de governo tem historicamente uma fórmula, um *slogan* que lhe reforça a perceção: por exemplo, o *New Deal* de Franklin Delano Roosvelt, a *New Frontier* de John F. Kennedy, o «Conservadorismo compassivo» de George W. Bush e a *Big Society* de David Cameron. Na mesma linha começa-se nos anos 90 a associar as políticas públicas a definições específicas capazes de ativar *frames*: a reforma do sistema educativo da administração Bush, por exemplo, é identificada pela fórmula: «Que nenhuma criança fique para trás» [Lakoff 2004]. Quem poderia estar contra semelhante reforma?

Escolher segmentos da população e usar termos específicos para definir as próprias políticas faz parte de uma abordagem estratégica à comunicação da atividade de governo.

Brunetta, no início do seu mandato como ministro da Administração Pública de Itália, identificou «bons e maus» segundo um esquema típico da narrativa orientada para a construção do consenso, como sublinhado por Berselli [2008]:

> A população nacional divide-se em duas partes bem identificadas: de um lado, «sessenta milhões» de italianos, pessoas de bem, contrapostos a um milhão de canalhas, malandros, vagabundos, inúteis, sabotadores. Do lado do fundamento empírico, o modelo descritivo de Brunetta é irrelevante. Mas quanto à capacidade de mobilização é formidável. O *format* do ministro é um perfeito produtor de consenso, porque coloca a grande maioria dos cidadãos do lado do bom senso e da boa vontade, e entrega um impreciso milhão de italianos a um hipotético cadafalso.

A comunicação de Brunetta identifica nos funcionários públicos – a classe dos malandros (os funcionários públicos são, de resto, uma das bases eleitorais do centro-esquerda) – os alvos da sua reforma e pede o apoio aos «outros» italianos, sabendo bem que mais ou menos todos já tiveram alguma experiência negativa com a burocracia. O esquema é simples, mas potencialmente eficaz.

Um dos maiores problemas em adotar uma abordagem estratégica durante o mandato liga-se ao facto de a ação de governo ser muito mais influenciada por situações de crise (onde não se quer estar) do que pela estratégia (para onde se quer ir). A insistência diária dos acontecimentos não deixa tempo para pensar [Lees-Marshment 2009a] e, por vezes, delega-se o pensamento estratégico a pequenos grupos informais que se formam em redor do líder [Glaab 2007; Lindholm e Prehn 2007]. Habitualmente é mais eficiente o recurso a unidades especializadas ou a centros de estudos e *think tanks*. No primeiro caso, o pensamento estratégico vem de dentro, no segundo caso vem de fora. Blair, por exemplo, criou uma unidade estratégica cuja tarefa era fornecer ao primeiro-ministro conselhos sobre a estratégia, apoiar os departamentos governativos no desenvolvimento de propostas e medidas eficazes, e identificar e enfrentar temas emergentes e desafios políticos [Lees-Marshment 2009a]. Um papel de crescente importância é o dos *think tanks*, que nos Estados Unidos fornecem pessoal, elaboram ideias e propostas de políticas públicas, e substituem os partidos na função de «disciplinamento cultural» [Diletti 2009, 84]. Atualmente, em todos os países ocidentais, os principais líderes criam *think tanks* que os acompanham na ascensão política ou na entrada em cena, e fornecem competências e ideias assim que chegam ao governo. Em Itália basta pensar na Fondazione Italianieuropei (D'Alema e D'Amato), na FareFuturo (Fini) e na ItaliaFutura (Montezemolo), para citar alguns exemplos.

Em conclusão, as modificações introduzidas pela campanha permanente – ou melhor, pelo processo permanente de comunicação e de análise dos seus efeitos sobre o comportamento dos atores na arena pública – estão a ampliar o raio de estudo e de ação

FAST POLITICS

do marketing político. Segundo O'Shaugnessy [O'Shaugnessy e Hennenberg 2002, 1048], o marketing político tornou-se o «princípio organizador» em torno do qual as políticas são construídas». Lees-Marshment [2001; 2009a] acrescenta ao elemento organizador o processo de construção do produto político. Está, portanto, em curso uma redefinição do marketing político que se estende a todos os aspetos estratégicos úteis para melhorar a relação entre a política e os cidadãos. Em conclusão podemos, portanto, dizer que

> o marketing político diz respeito às atividades permanentes de análise e estratégia para conhecer o melhor possível o contexto competitivo, as necessidades e os desejos dos cidadãos, para desenvolver programas e ideias, para definir públicos e mensagens, para realizar políticas públicas eficazes.

Para utilizar termos próximos de Maquiavel, o marketing político pode ajudar a controlar a fortuna através da *virtú*. A fortuna é comparada por Maquiavel a um rio (que por mais calmo que seja pode sempre provocar inundações desastrosas), a *virtú* às margens: nos momentos de calma o político hábil deve prever as chuvadas futuras e preparar as necessárias reparações de maneira a requalificar as margens para conter as cheias do rio [Harris, McGrath e Harris 2009]. A *virtú* humana pode, portanto, impor-se à fortuna através da capacidade de previsão e de cálculo sagaz, projetando margens mais seguras e construindo-as da melhor maneira.

Referências bibliográficas

AGRANOFF, R. 1996 *The new style in election campaign*, Boston, Holbrook Press.

AILES, R. 1988 *You are the message*, Nova Iorque, Doubleday.

ALLEN, S. 2004 *Ad Analysis*, Political Advertising resource Center, 19 de outubro.

ALTHAUS, M. 2009 *German elections and modern campaign techniques*, in Johnson [2009].

AMADORI, A. 2002 *Mi consenta*, Milão, Libri Scheiwiller.

AMADORI, A. e valente, A. 2006 *La sfera di cristallo: i sondaggi d'opinione e il marketing politico*, Milão, Garzanti.

AMORETTI, F. 1997 *La comunicazione politica*, Roma, Nuova Italia.

BAKER, M. 2000 *Marketing strategy and management*, 3.ª ed., Houndmills, Basingstoke, Palgrave Macmillan.

BALDASSARRI, D. 2005 *La semplice arte di votare*, Bolonha, Il Mulino.

BANNON, D. P. 2004 *Marketing segmentation and political marketing*, artigo disponível no seguinte endereço: < www.psa.ac.uk/journals/pdf(5/2004/bannon.pdf >

2005 *Internal marketing and political marketing*, Psa Annual Conference, University of Leeds, 4-7- de abril.

BARBER, S. 2005 *Political strategy: Modern politics in contemporary Britain*, Liverpool, Liverpool University Press.

190   MARKETING POLÍTICO

BARTHES, R. *Introduzione all'analisi strutturale dei racconti*, in L. Del Grosso e P. Fabbri (orgs.), *L'analisi del raconto*, Milão, Bompiani.

BARTOLINI, S. e D'ALIMONTE, R. 2002 *Maggioritario finalmente? La transizione elettorale (1994-2001)*, Bolonha, Il Mulino.

BENDICENTI, D. 2005 *Con-Vincere*, Roma, Donzelli.

BERNAYS, E.I. 1928 *Propaganda*. Nova Iorque, Horace Liveright.

BERSELLI, E. 2008 *Quando la politica diventa un format*, in «La repubblica», 18 de setembro.

BLUMENTHAL, S. 1980 *The permanent campaign*, Nova Iorque, Simon & SChuster.

BLUMER, J. G. 2009 *Mediatizzazione in declino?*, in «Rivista di Comunicazione Politica», X, 1, págs. 11-15.

BLUMER, J. G. e KAVANAGH, D. 1999 *The third age of political communication: Influences and features*, in «Political Communication», 16, 3, págs. 209-230.

BOHNE, M., PREVOST, A. K. e THURBER, J. A. 2009 *Campaign consultants and political parties today*, in Johnson [2009]

BONGRAND, M. 1993 *Le marketing politique*, Paris, PUF.

BOWLER, S. e FARRELL, D.M. 2000 *The internationalization of campaign consultants*, in Thurber e Nelson [2000].

BRADER, T. 2006 *Campaigning for hearts and minds*, Chicago, Chicago University Press.

BROADSHAW, J. 2004 *Who will vote for you and why: Designing campaign strategy and message*, in J. A. Thurber e C. J. Nelson, *Campaigns and elections American style*, Boulder, Westview Press, págs. 37-56.

BORDER, D.S. 1981 *Changing the guard: Power and leadership in America*, Nova Iorque, Penguin Books

BULLI, G. e VIVOLI, S. 2007 *Alla scoperta degli uomini ombra: un primo identi-kit del consulente politico italiano*, in «Polena», 2.

CACCIOTTO, M. 2006 *All'ombra del potere: strategie per il consenso e consulenti politici*, Florença, Le Lettere.

CALVI, G. e MINOIA, G. 1990 *Gli scomunicanti. La pubblicità politica com'è e come potrebbe essere*, Milão, Lupetti-Editori di comunicazione.

CAMPBELL, A., CONVERSE, P. E., MILLER, W. E. e STOKES, D. E. 1960 *The American voter*, Nova Iorque, Wiley.

REFERÊNCIAS BIBLIOGRÁFICAS

CAMPUS, D. 2000 *L'elettore pigro: informazione politica e scelte di voto*, Bolonha, Il Mulino.

— 2008 *Comunicazione politica: le nuove frontiere*. Roma-Bari, Laterza.

CATTANEO, A. e ZANETTO, P. 2003 *(E)lezioni di sucesso: manuale di marketing politico*, Milano, Etas.

CENSIS 2009 *43° rapporto annuale sulla situazione sociale del Paese*.

CLINTON, B. 2004 *My life*, Nova Iorque, Random House.

COLARIETI, S. e GUARINO, P. 2005 *Introduzione al marketing politico*, Roma, Luiss University Press.

COLLINS, N. e BUTLER, P. 2005 *Positioning political parties: A market analysis*, in «Harvard International Journal of Press/Politics», 1, 2, págs. 63-77.

— 2002 *Considerations on market analysis for political parties*, in O'Shaughnessy e Hennenberg [2002].

CORNFIELD, M. 2010 *Game-changers: New technology and the 2008 presidential election*, in Sabato [2010].

CORNOG, E. 2004 *The power and the story. How the crafted presidential narrative has determined political success from George Washington to George W. Bush*, Nova Iorque, The Penguin Press.

COSGROVE, K. M. 2007 *Midterm marketing: An examination of marketing strategies in the 2006, 2002, 1998 and 1994 elections*, paper present at the annual meeting of the American Political Science Association, disponível no seguinte endereço: < www.allacademic.com/meta/p209749_index.html >

CRAIG, S. C. 2009 *Political science and political management*, in Johnson [2009].

CWALINA, W. FALKOWSKI, A. e NEWMAN, B. I. 2007 *A cross-cultural theory of voter behavior*, Binghamton, Haworth Press.

D'ALIMONTE, R. 2008 *Il verdetto elettorale*, in Itanes [2008].

D'ALIMONTE, R. e FUSARO, C. 2008 *La legislazione elettorale italiana*, Bolonha, Il Mulino.

DAVIES, P. J. E NEWMAN, B. I. (orgs.) 2006 Winning elections with political marketing, Binghamton, Haworth Press.

DENNING, S. 2007 *The secret language of leadership*, San Francisco, Jossey-Bass.

DE SIO, L. 2008 *Il secondo motore del cambiamento: I flussi di voto*, in Itanes [2008].

192   MARKETING POLÍTICO

DEVLIN, P. L. 1987 *Political persuasion in presidential campaigns*, New Brunswick, Transaction. Diletti, M.

— 2009 *I Think tank*, Bolonha, Il Mulino.

DIXIT, A. K. e NALEBUFF, B. J. 2008 *The art of strategy*, Nova Iorque, Norton & Company.

DONOVAN, R. J. e SCHERER, R. 1992 *Unsilent revolution: Television news and American public life 1948-1991*, Cambridge, Cambridge University Press.

DOWNS, A. 1957 *An economic theory of democracy*, Nova Iorque, Harper and Row.

DUILIO, D. 2004 *For better or worse. How political consultants are changing elections in the United States*, Albany, State University of New York Press.

— 2009 *The permanent campaign*, in Johson [2009].

DYE, T. R. e ZEIGLER, L. H. 1989 *American politics in the media age*, Pacific Grove, Brooks Cole.

ENTMAN, R. 1993 *Framing, Toward clarification of a fractured paradigm*, in «Journal of Communication», 43, 4, págs. 51-58.

FACHEAUX, R. A. 2009 *Running for office: The candidate's job gets tougher, more complex*, in Johnson [2009.]

FELTRIN, P. e FABRIZIO, D. 2002 *Cosa conta nel voto: il caso delle elezioni amministrative di verona*, in «Comunicazione politica», III. 2.

FELTRIN, P. e NATALE, P. 2007 *Competizione elettorale, sondaggi e clima d'opinione*, in P. Feltrin *et al.* (orgs.), *Nel segreto dell'urna: un'analisi delle elezioni politiche del 2006*, Turim, Utet.

FENN, P. 2009 *The new media in political campaigns*, in Johnson [2009].

FLORIDIA, A. 2008 *Scendere in campo: l'accesso alla competizione elettorale tra barriere formali e incentivi politici*, in D'Alimonte e Fusaro [2008].

FOA, M. 2006 *Gli stregoni della notizia*, Milão, Guerini e Associati.

FOGLIO, A. 1999 *Il marketing politico ed elettorale*, Milão, Angeli.

FOOT, K. A. e SCHNEIDER, S.M. 2006 *Web campaigning*, Cambridge, The Mit Press.

FRIEDENBERG, R. F. 1997 *Communication consultants in political campaigns*, Westport, Praeger.

REFERÊNCIAS BIBLIOGRÁFICAS

GABARDI, E. (org.) 2008 *Comunicazione politica. Le primarie del 2005 e le politiche de 2006: sette casi di comunicazione e marketing elettorale*, Milão, Angeli.

GARBELLANO, S. 2008 *Un modelo vincente di formazione*, in «L'impresa», 11, págs. 12-15.

GLAAB, M. 2007 *Strategy and politics: The example of Germany*, in T. Fischer, G. P. Schmitz e M. Seberich (orgs.), *The strategy of politics: results of a comparative study*, Buterloh, Bertelsmann Stiftung.

GODIN, S. 2005 *All marketeers are liars. The power of telling authentic stories in low-trust world*. Nova Iorque, Portfolio.

GOULD, P. 1998 *The unfinished revolution*, Londres, Little, Brown & Company.

GRANDI, R. e VACCARI, C. 2007 *Elementi di comunicazione politica*, Roma, Carocci.

GRANIK, S. 2005 *Membership benefits, membership action: Why incentives for activism are what members want*, in W. Wymer e J. Lees-Marshment (org.), *Current issues in political marketing*, Binghamton, Haworth Press.

GROSSI, G. 2003 *Campagne elettorali del III tipo: il ruolo del clima di opinione*, paper apresentado no *VIII Convegno internazionale Sise «Le campagne elettorali»*, Venezia, 18-20 dezembro.

GULATI, G. J. 2010 *No laughing matter: The role of new media in the 2008 election*, in Sabato [2010].

HARRIS, P., McGRATH, C. e HARRIS, I. 2009 *Machiavelian marketing*, in Johnson [2009].

HECLO, H. 2000 *Campaigning and governing: A conspectus*, in Ornstein e Mann [200, 1-37].

HERMAN, D. (org.) 2003 *Narrative theory and the cognitive sciences*, Stanford, Publication of the Center for the Study of Language and Information.

HOLBROOK, Th. M. 1996 *Do campaigns matter?*, Thousand Oaks, Sage.

HOLTZ-BACHA, C. 2003 La *vita private dei politici. Nuove strategie di imagine in Germania*, in «Comuinicazione Politica», 4, 1, págs. 81-92.

IRELAND, E. 2009 *Campaigning online*, in Johnson [2009].

ITANES 2006 *Sinistra e destra: le ragioni psicologiche della differenza politica*, orgs. P. Catellani e P. Corbetta, Bolonha, Il Mulino.

194 MARKETING POLÍTICO

— 2008 *Il ritorno di Berlusconi: vincitori e vinti nelle elezioni del 2008*, Bologna, Il Mulino.

IYVENGAR, S. 2005 *Speaking of values: The framing of American politics*, in «The Forum», 3, 3, Article 7, Berkeley Electronic Press.

JACKSON, N. 2005 *Vote winner or a nuisance: Emails and elected politicians' relationship with their constituents*, in W. Wymer e J. Lees-Marshment (org.), *Current issues in political marketing*, Binghamton, Haworth Press.

JAFFE, J. 2005 *Life after the thirty-second spot: Energize your brand with a bold mix of alternatives to traditional advertising*, Hoboken, Wiley.

JAMIESON, K. e WALDMAN, P. 2003 *The press affect: Politicians, journalists and the stories that shape the political world*, Oxford-Nova Iorque, Oxford University Press.

JOHNSON, D. W. 2000 *The business of political consulting*, in Thurber e Nelson [2000].

— 2006 *First hurdles: The evolution of the pre-primary and primary stages of American presidential elections*, in Davies e Newman [2006].

— 2009 (org.) *Routledge handbook of political management*, Nova Iorque, Routledge.

KAVANAGH, D. 1995 *Election campaigning: The new marketing of politics*, Oxford, Blacwell.

KERNELL, S. 1986 *Going public: New strategies of presidential leadership*, Washington, D. C., Congressional Quarterly Press.

— 1997 *Going public: New strategies of presidential leadership*, 3.ª edição, Washington, D. C., Congressional Quarterly Press.

KOLODNY, R. 2000 *Electoral partnerships: Political consultants and political parties*, in Thurber e Nelson [2000].

KOTLER, P. 1991 *Marketing management: Analysis, planning, implementation and control*, Upper Saddle River, Prentice-Hall.

KOTLER, P. e LEVY, S. J. 1969 *Broadening the concept of marketing*, in «Journal of Marketing», 33, 1, págs. 10-15.

LAKOFF, G. 2004 *Don't think of an elefant!*, White River Junction, Chelsea Green.

LASSWELL, H. D. 1936 *Politics: Who gets what, when, how*, Nova Iorque, McGraw-Hill.

REFERÊNCIAS BIBLIOGRÁFICAS

LAZARSFELD, P., BERELSON, B. e GAUDET, H. 1944 *The people's choice*, Nova Iorque, Columbia Press.

LAZARSFELD, P., BERELSON, B. e MCPHEE, W. 1954 *Voting*, Chicago, Chicago University Press.

LEES-MARSHMENT, J. 2001 *Political marketing and British political parties: The party's just began*, Manchester, Manchester University Press.

— 2009a *Political marketing: Principles and applications*, Nova Iorque, Routledge.

— 2009b *Managing a market-orientation in government*, in Johnson [2009].

LILLEKER, D. G. 2007 What is political marketing: A conceptual discussion, UK PSA Conference, disponível no seguinte endereço: < www. psa.ac.uk/journals/pdf/5/2007/lilleker.pdf >

LILLEKER, D. G. e LEES-MARSHMENT, J. (org.) 2005 *Political marketing: A comparative perspective*, Manchester-Nova Iorque, Manchester University Press,

LILLEKER, D. G. e NEGRINE, R. 2005 *Mapping a marketing orientation: Can we detect political marketing only through the lens of hindsight?*, in Davies e Newman [2006].

LILLEKER, D. G. e SCULLION, R. (orgs.) 2008 *Voters or consumers: Imagining the contemporary electorate*, Newcastle, Cambridge Scholars Publishing.

LINDHOLM, M e PREHN, A. 2007 *Strategy and politics: The example of Denmark*, in T. Fischer, G. P. Schmitz e M. Seberich (orgs.), *The strategy of politics: Results of a comparative study*, Butersloh, Bertelsmann, Stiftung.

LLOYD, J. 2005 *Square peg, round hole? Can marketing-based concepts such as the «product» and the «marketing mix» have a useful role in the political arena?*, in W. Wymer e J. Lees-Marshment (orgs.), *Current issues in political marketing*, Binghamton, Haworth Press.

LOOMIS, B. 2000 *The never ending story: campaigns without elections*, in Ornstein e Mann [2001].

LUNTZ, F. 1988 *Candidates, consultants and campaigns: The style and substance of American electioneering*, Nova Iorque, Blackwell.

— 2007 *Words that work*, Nova Iorque, Hyperion.

MAAREK, P. 2001 *Communication et marketing de l'homme politique*, 2.ª ed., Paris, Litec.

196 MARKETING POLÍTICO

MALCHOW, H. 2003 *The new political targeting*, Washington, D.C., Campaigns and Elections Magazine.

MANCINI, P. 1988 (org.) *Come vincere le elezioni*, Bologna, Il Mulino.

— 1999 *New frontiers in political professionalism*, in «Political Communications», 16, 3, págs. 231-245.

— 2001 *Il professionismo della War Room: come cambiano i partiti politici*, in «Comunicazione Politica», II, 1.

MANNHEIMER, R. e NATALE (orgs.) 2006 *L'Italia a metà: dentro il voto del paese diviso*, Milão, Cairo Editore.

MANNHEIMER, R. e SANI, G. 1987 *Il mercato elettorale*, Bolonha, Il Mulino.

MARAFFI, M. (org.) 2007 *Gli italiani e la politica*, Bolonha, Il Mulino.

MARLETTI, C. 2002 *Il ciclo dell'anti politica e i risultati delle elezioni del 13 maggio in italia. Verso un nuovo clima d'opinione?*, in «Comunicazione politica», 3, 1, págs. 9-30.

MAZZOLENI, G. 2004 *La comunicazione politica*, Bolonha, Il Mulino. Mazzoleni, G. e Sfardini, A.

— 2009 *Politica pop*, Bolonha, Il Mulino.

MEDVIC, S. K. 2009 *Political management and the technological revolution*, in Johnson [2009].

MELBER, A. 2009 *Obama for America 2.0?*, in «The Nation», 12 de janeiro, disponível no seguinte endereço: < www.thenation.com/ article(obama-america-20 >.

MORRIS, D. 1997 *Behind the oval office*, Nova Iorque, Random House.

MUZI FALCONI, T. 2004 *Governare le relazioni*, Milão, Il Sole 24 Ore.

NAPOLITAN, J. 1972 *Election game and how to win it*, Nova Iorque, Doubleday & Co.

NATALE, P. 2002 *Una fedeltà leggera: I movimenti di voto nella Seconda Repubblica*, in R. D'Alimonte e S. Bartolini (orgs.), *Maggioritario finalmente? La transizione elettorale 1994-2001*, Bolonha, Il Mulino, 2002, págs. 283-317.

— 2009 *Attenti al sondaggio!*, Roma-Bari, Laterza.

NEEDHAM, C. 2003 *Citizen-consumers: New labour's marketplace democracy*, Londres, Catalyst.

— 2005 *Brand leaders: Clinton, Blair and the limitations of the permanent campaign*, in «Political Studies», 53, 2, págs. 343-361.

REFERÊNCIAS BIBLIOGRÁFICAS

— 2006 *Brands and political loyalty*, in «Journal of brand Management», 13, 3, págs. 178-187.

NEGRINE, R. *et al.* (orgs.) 2007 *The professionalisation of political communication*, Bristol-Chicago, Intellect.

NEGRINE, R. e STANYER, J. (orgs.) 2007 *The political communication reader*, Londres, Routledge.

NEUSTADT, R. 1991 *Presidential power and the modern presidents: The politics of leadership from Roosevelt to Reagan*, Nova Iorque, The Free Press.

NEWMAN, B.I. 1994 *The marketing of the president: Political Marketing as campaign strategy*, Thousand Oaks, Sage.

— 1999 (org.) *Handbook of political marketing*, Nova Iorque, Sage.

NEWMAN, B. I. e SHETH, J. 1987 *A theory of political behavior*, Nova Iorque, Praeger.

NIMMO, D. e SANDERS, K. R. (orgs.) 1981 *Handbook of political communication*, Beverly Hills, Sage.

NORRIS, P. (org.) 2000 *A virtuous circle: Political communication in postindustrial societies*, Cambridge, Cambridge University Press.

NOVELLI, E. 2006 *Turbopolitica*, Milão, Bur.

ORMROD, R. P. 2005 *A conceptual model of political marketing orientation*, in W. Wymer e J. Lees-Marshment (orgs.), *Current issues in political marketing*, Binghamton, Haworth Press.

ORNSTEIN, N. J. e MANN, T. E. (orgs.) 2000 *The permanent campaign and its future*, Washinton, D.C., American Enterprise Institute and The Brooking Institution.

O'SHAUGNESSY, N. J. 1990 *The phenomenon of political marketing*, Londres, Mcmillan.

O'SHAUGNESSY, N. J. e HENNENBERG, S. (orgs.) 2002 *The idea of political marketing*, Nova Iorque, Praeger.

PACKARD, V. 1958 *The hidden persuaders*, Nova Iorque, Mc Kay.

PAGNONCELLI, N. 2009 Il mercato dei sondaggi, in «Comunicazione politica», 1, págs. 131-140.

PAGNONCELLI, N. e VANNUCCI, A. 2006 *L'elettore difficile. Cosa influenza il voto degli italiani?*, Bolonha, Il Mulino-Arel.

PALMIERI, A. 2008 *Forza Italia. La campagna delle elezioni politiche 2006*, in Gabardi [2008].

PARISI, A. e PASQUINO, G. (orgs.) 1977 *Continuità e mutamento elettorale in Italia*, Bolonha, Il Mulino.

PENN, M. J. 2007 *Microtrends: The small forces behind tomorrow's big changes*, Nova Iorque, Twelve.

Pew Research Report 2008a *Key new audiences now blend online and traditional sources*, 17 de agosto.

— 2008b *Internet now major source of campaign news*, 31 de outubro.

PLASSER, F. 2009 *Political consulting worldwide*, in Johnson [2009, 24-41]

PLASSER, F. e LENGAEUR, G. 2009 *Television campaigning worldwide*, in Johnson [2009].

PLASSER, F. e PLASSER, G. 2002 *Global political campaigning: A Worldwide analysis of campaign professional and their practice*, Westport, Praeger.

POLLETTA, F. 2006 *It was like a fever. Storytelling in protest and politics*, Chicago, Chicago University Press.

POZZI, E. e RATTAZZI, S. 1994 *Farsi eleggere: la campagna elettorale nella seconda repubblica*, Milão, Il Sole 24 Ore.

RADEMACHER, E. W. e TUCHFARBER, A. J. 1999 *Pre-election polling and political campaigns*, in Newman [1999].

RAMO, J.C. 2009 *The age of unthinkable: Why the new world disorder constantly surprises us and what we can do about it*, Nova Iorque-Boston, Little, Brown and Company.

RIUTORT, P. 2007 *Sociologie de la communication politique*, Paris, La Découverte.

RIZZUTO, F. 2000 *La Casa Bianchissima*, Roma, Editori Riuniti.

RODRIGUEZ, M. 2001 *Il marketing politico in Italia: dopo l'affermazione la professionalizzazione*, in «Comunicazione politica», 2, 1, págs. 69-94.

RONCAROLO, F. 1994 *Controllare i media*, Milão, Angeli.

SABATO, L. 1981 *The rise of political consultants*, Nova Iorque, Basic Books.

— 2010 (org.) *The year of Obama: How Barack Obama won the White House*, Upper Saddle River, Pearson Education.

SALMON, C. 2007 *Storytelling. La machine à fabriquer des histoires et à formater les esprits*, Paris, La Découverte.

SAMPUGNARO, R. 2006 *Dentro la campagna: partiti, candidati e consulenza politica*, Acireale-Roma, Bonanno.

REFERÊNCIAS BIBLIOGRÁFICAS

SCAMMELL, M. 1997 *The wisdom of the war room: U.S. campaigns and Americanization*, research paper, The Joan Shorenstein Center.

— 1999 *Designer politics: How elections are won*, Nova Iorque, St. Martin's Press.

— 2008 *Brand Blair: Marketing politics in the consumer age*, in Lilleker e Scullion [2008].

SCHIANCHI, F. 2010 *Non resta che Nichi*, in «L'expresso», 2 de abril.

SCHMITT, H. 2004 *The European Parliament elections of 2004: Stille second order?*, paper apresentado no congress Sise, *Europa 2004. Le istituzioni e I cittadini*, Milão, 29 de outubro.

SÉGUÉLA, J. 1992 *Vote au-dessus d'un nid de cocos*, Paris, Flammarion.

— 2010 *Presidente da vendere*, Bolonha, Lupetti. Semiatin, R. 2004 *Campaigns in the 21st century*, Nova Iorque, McGraw-Hill.

SOSNIK, D. B., DOWD, M. J. e FOURNIER, R. 2006 *Applebee's America: How successful political business, and religious leaders connect with the new American community*, Nova Iorque, Simon & Schuster.

SUSSMAN, G. e GALIZIO, L. 2003 *The global reproduction of American politics*, in «Political Communication», 20, 3, págs. 309-328.

SWANSON, D. e MANCINI, P. (orgs.) 1996 *Politics, media and modern democracy: An international study of innovations in electoral campaigning and their consequences*, Westport, Praeger.

TEINTURIER, B. 2008 *The presidential elections in France 2007: The role of opinion polls*, in M. Carballo e U. Hjelmar (orgs.), *Public opinion polling in a globalized world*, Berlim, Springer.

THURBER, J. A. e NELSON, C. (orgs.) 2000 *Campaign warriors: The role of political consultants in elections*, Washington, D.C., The Brookings Institution.

TRENT, J. S. e FRIEDENBERG, R. V. 1991 *Political campaign communication*, 2.ª ed., Nova Iorque, Praeger.

TRINGALI, B.C. 2009 *Message testing in twenty-first century*, in Johnson [2009].

UBERTACCIO, P.N. 2009 *Network marketing and American political parties*, in Johnson [2009].

VACCARI, L. 2007 *La comunicazione politica negli USA*, Roma, Carocci.

200 MARKETING POLÍTICO

— 2010 *Obama e internet un anno dopo. Un primo bilancio della «presidenza digitale»*, in «Comunicazione politica», XI, 2, págs. 247-272.

VINCENT, L. 2002 *Legendary brands. Unleashing the power of storytelling to create a winning market strategy*, Chicago, Dearborn Trade Publishing.

WEBB, P. 2002 *Political parties in Britain. Secular decline or adaptive resilience?*, in P.Webb, D.M. Farrell e I. Holliday (orgs.), *Political parties in advanced industrial democracies*, Oxford, Oxford University Press.

WESTEN, D. 2007 *The political brain*, Cambridge, Public Affairs.

WIRTHLIN, R. 2005 *The greatest communicator. What Ronald Reagan taught me about politics, leadership and life*, Nova Iorque, Wiley.

WORCESTER, R. M. 1991 *British public opinion: A guide to the history and methodology of political opinion polling*, Oxford, Basil Blackwell.

WORCESTER, R. M. e Baines, P.R. 2006 *Voter research and marketing positioning: Triangulation and its implications for policy development*, in Davies e Newman [2006].

WRING, D. 1996 *Political marketing and party development in Britain: A «secret» history*, in «European Journal of Political Marketing», 30, 10-11, págs. 100-111.

— 2002 *Conceptualising political marketing: A framework for election-campaign analysis*, in O'Shaughnessy e Hennenberg [2002].

ZALLER, J. R. 1992 *The nature and origins of mass opinion*, Cambridge, Cambridge University Press.

Cinematografia

Mr. Smith goes to Washington de Frank Capra, com James Stewart e Jean Artur, USA, 1939.

State of the Union, de Frank Capra, com Spencer Tracy, USA, 1948.

Advice and Consent, de Otto Preminger, com Henry Fonda e Don Murray, USA, 1962.

The best man, de Franklin Schaffner, com Henry Fonda, USA, 1964.

The candidate, de Michael Ritchie, con Robert Redford, USA, 1982.

Nashville, de Robert Altamn, com Henry Gibson, Lily Tomlin, Ronee Blakely, Keith Carradine, Geraldine Chaplin, Barbara Harris e Karen Black, USA, 1975.

All the President's men [Os Homens do Presidente], de Alan J. Pakula, com Robert Redford e Dustin Hoffman, USA, 1976.

Power, de Sidney Lumet, com Richard Gere, Julie Christie, Gene Hackman e Denzel Washington, USA, 1986.

Il portaborse, de Daniele Lucchetti, com Silvio Orlando e Nanni Moretti, Italia, 1991.

Speechless, de Ron Underwood, com Michael Keaton e Geena Davis, USA, 1994.

The American President, de Bob Reiner, com Michael Douglas e Annette Bening, USA, 1995.

City Hall, de Harold Becker, com Al Pacino, John Cusak, Bridget Fonda e Danny Aiello, USA, 1996.

Wag the dog, de Barry Levinson, com Dustin Hoffman, Robert De Niro, Anne Heche, Denis Leary, USA, 1997.

The second civil war, de Joe Dante, com James Coburn, Elizabeth Peña, Bean Bridges, James Earl Jones, USA, 1997.

Primary Colors, de Mike Nichols, com John Travolta e Emma Thompson, USA, 1998.

Bulworth, de Warren Beatty, com Warren Beatty e Halle Berry, USA, 1998.

Election, de Alexander Payne, com Matthew Broderick, USA, 1999.

The contender, de Rod Lurie, USA, 2000.

Thank you for smoking, de Jason Reitman, com Aaron Eckhart, Robert Duvall e Maria Bello, USA, 2005.

The Queen [A Rainha], de Stephen Frears, com Helen Mirrene James Cromwell, França/Grã-Bretanha, 2006.

Man of the year, de Barry Levinson, com Robbie Williams, USA, 2006.

Recount, de Jay Roach, com Kevin Spacey e Laura Dern, USA, 2008.

W., de Oliver Stone, com Josh Brolin, USA, 2008.

Frost/Nixon, de Ron Howard, com Frank Langella e Martin Sheen, USA, 2008.

Swing vote, de Joshua Michael Stern, com Kevin Costner, Dennis Hopper, Kelsey Grammer e Stanley Tucci, USA, 2008.